MW01670985

dubuffet

l'exposition

Exposition présentée au Centre Pompidou, Galerie 1, du 13 septembre au 31 décembre 2001

L'exposition « Jean Dubuffet » a été réalisée grâce au soutien de LVMH / Moët-Hennessy . Louis Vuitton

LVMH
MOËT HENNESSY . LOUIS VUITTON

Centre Pompidou

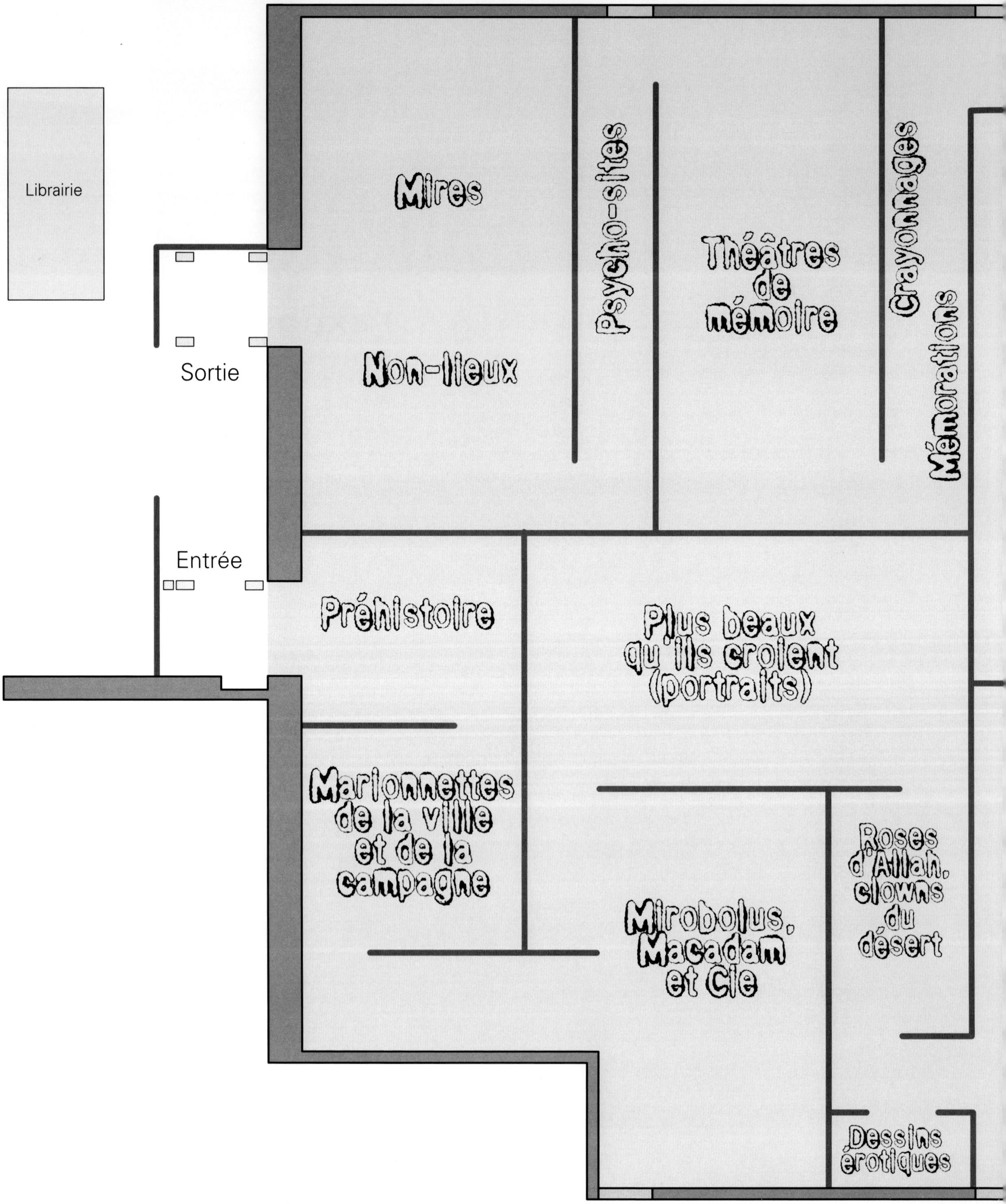
Librairie
Sortie
Entrée
Mires
Non-lieux
Psycho-sites
Théâtres de mémoire
Crayonnages
Mémorations
Préhistoire
Plus beaux qu'ils croient (portraits)
Marionnettes de la ville et de la campagne
Mirobolus, Macadam et Cie
Roses d'Allah, clowns du désert
Dessins érotiques

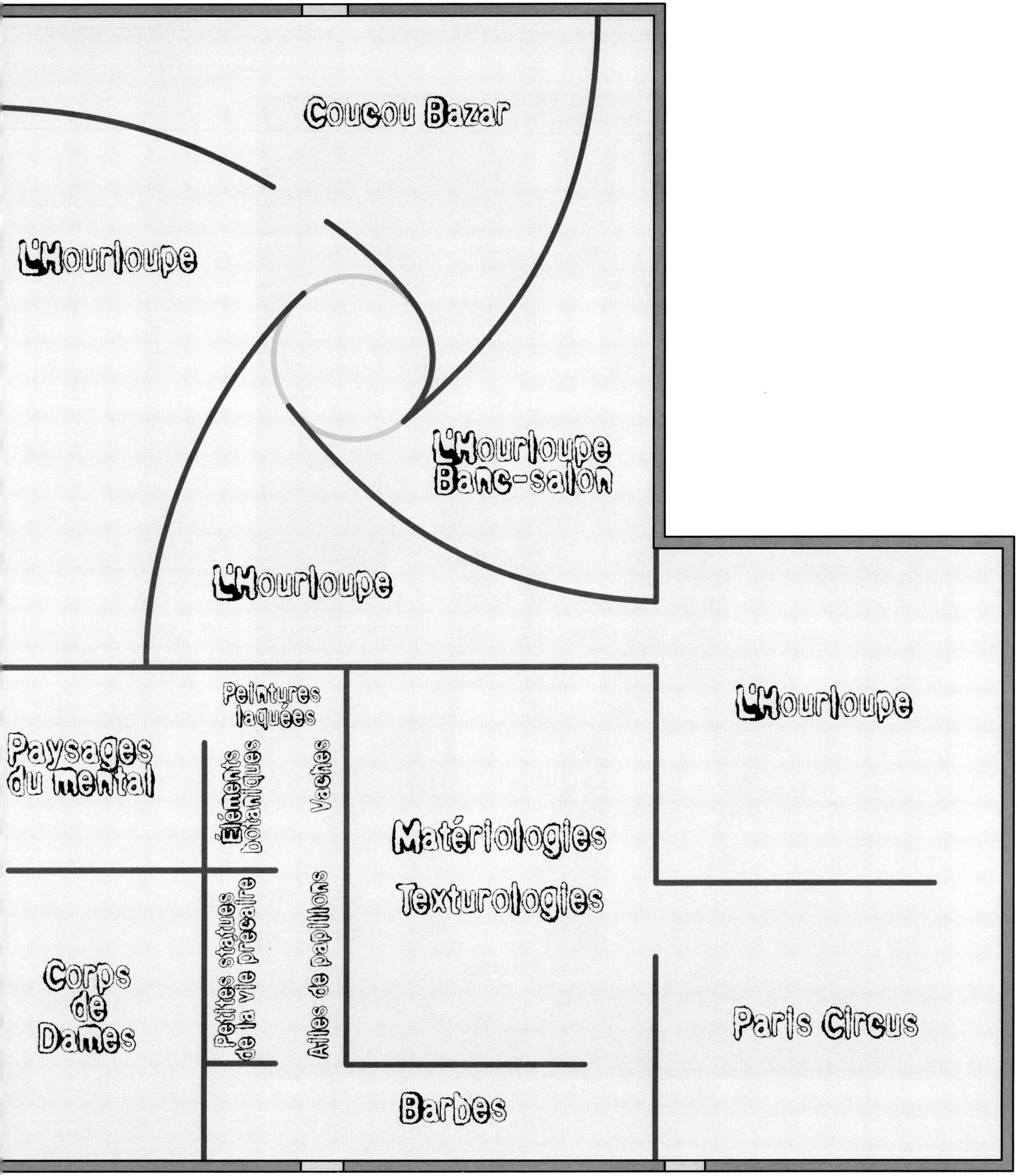
Coucou Bazar
L'Hourloupe
L'Hourloupe
Banc-salon
L'Hourloupe
L'Hourloupe
Peintures
laquées
Paysages
du mental
Éléments
botaniques
Vaches
Matériologies
Texturologies
Petites statues
de la vie précaire
Ailes de papillons
Corps
de
Dames
Paris Circus
Barbes

Danseuse de corde

1943

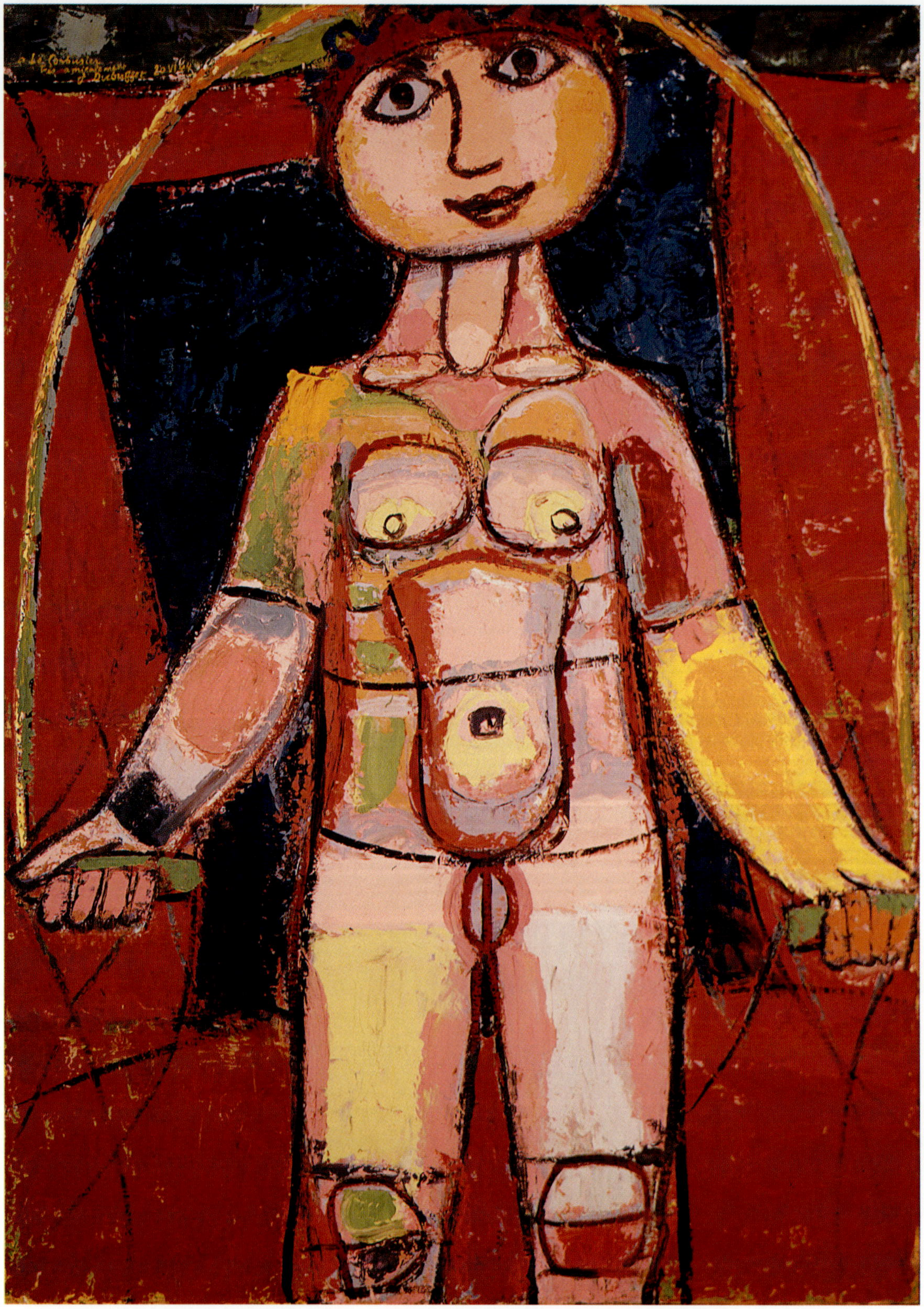

Huile sur toile, 100 x 73 cm, collection Morton et Linda Janklow, New York

Marion de la et de camp

« J'étais dans le sentiment que des peintures dépourvues d'habileté comme sont celles des enfants, faites sans effort et rapidement, peuvent être aussi efficaces, voire davantage, que les tableaux produits dans le circuit culturel, et qu'elles peuvent être aussi surtout porteuses d'apports inattendus offrant à la pensée des ouvertures nouvelles » (*Prospectus et tous écrits suivants*, Paris, Gallimard, 1995, t. III, p. 97-98).

Métro
1943

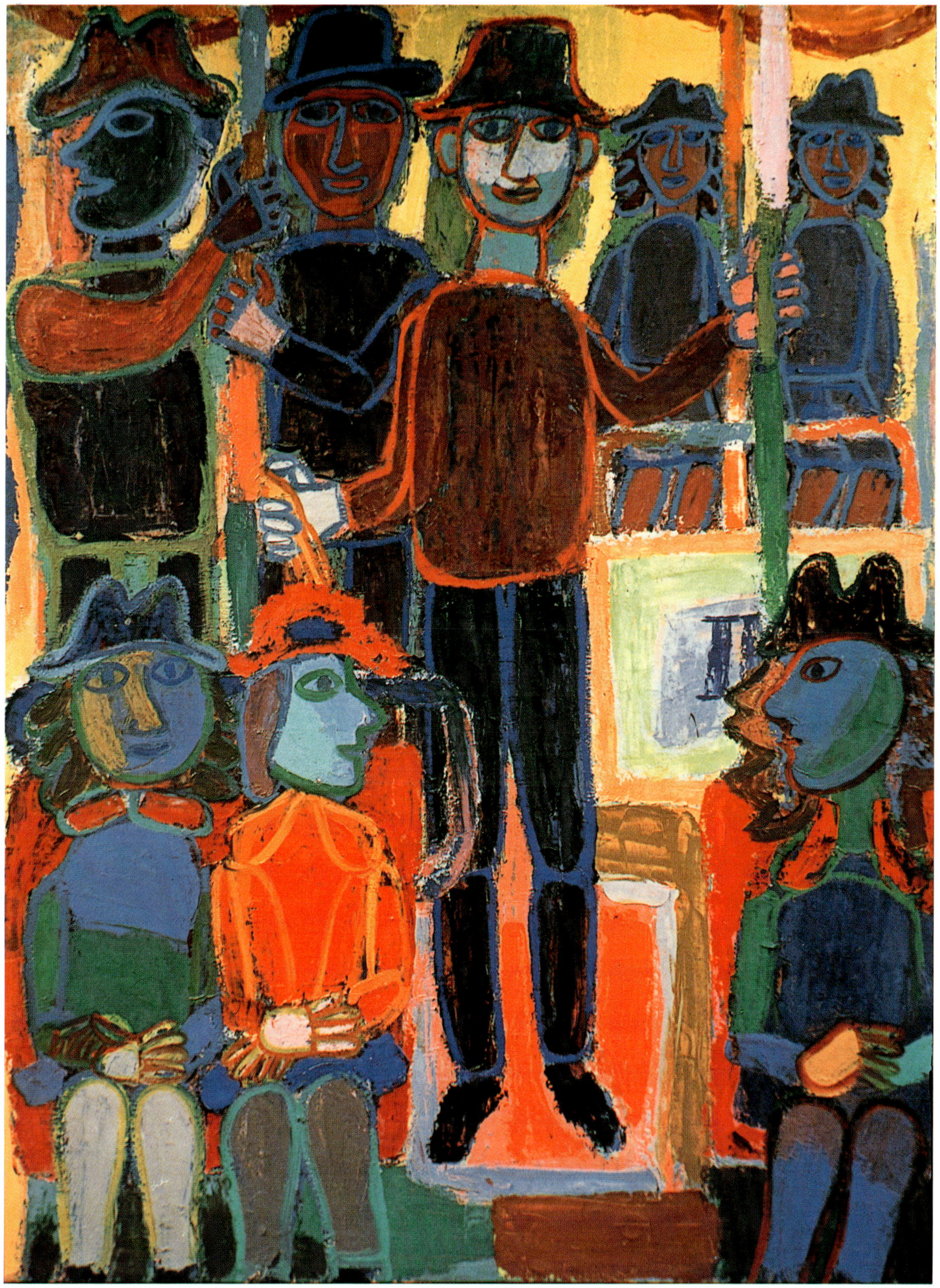

Huile sur toile, 162 x 130 cm, collection Samuel et Ronnie Heyman, New York, courtesy Daniel Varenne

1943

Vache rouge

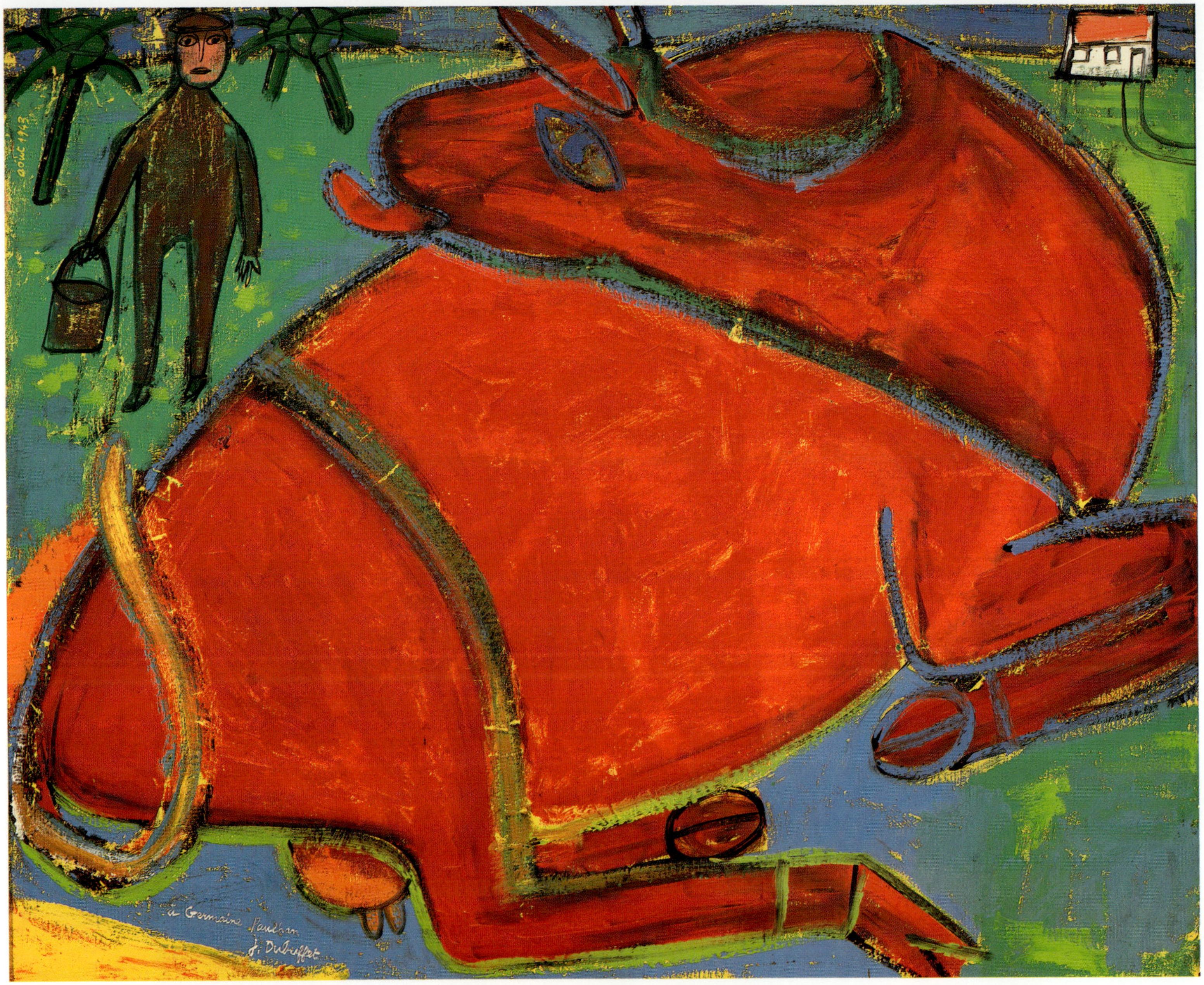

Huile sur toile, 65 x 92 cm, collection privée, Allemagne

Marionnettes de la ville et de la campagne

« Le propos de la peinture est d'orner des surfaces, et elle considère donc deux dimensions seulement et exclut la profondeur. Ce n'est pas l'enrichir mais la dévier et adultérer que de viser à des effets de relief et de trompe-l'œil par le moyen du clair-obscur. […] Trouvons plutôt d'ingénieuses transcriptions pour aplatir tous les objets sur la surface ; faire parler à la surface son propre langage de surface et non un faux langage d'espace à trois dimensions qui n'est pas le sien. Est-ce en quelque façon compléter une surface que la remplir de creux et de bosses et d'éloignements ? c'est la torturer. J'éprouve au contraire un besoin que la surface reste bien apparemment plate. Mes yeux se plaisent grandement à se reposer sur une surface bien plane et particulièrement une surface rectangulaire. Les objets représentés y seront transportés changés en galettes, aplatis au fer à repasser » (*Prospectus et tous écrits suivants*, Paris, Gallimard, 1967, t. I, p. 74).

1944 L'Accouchement

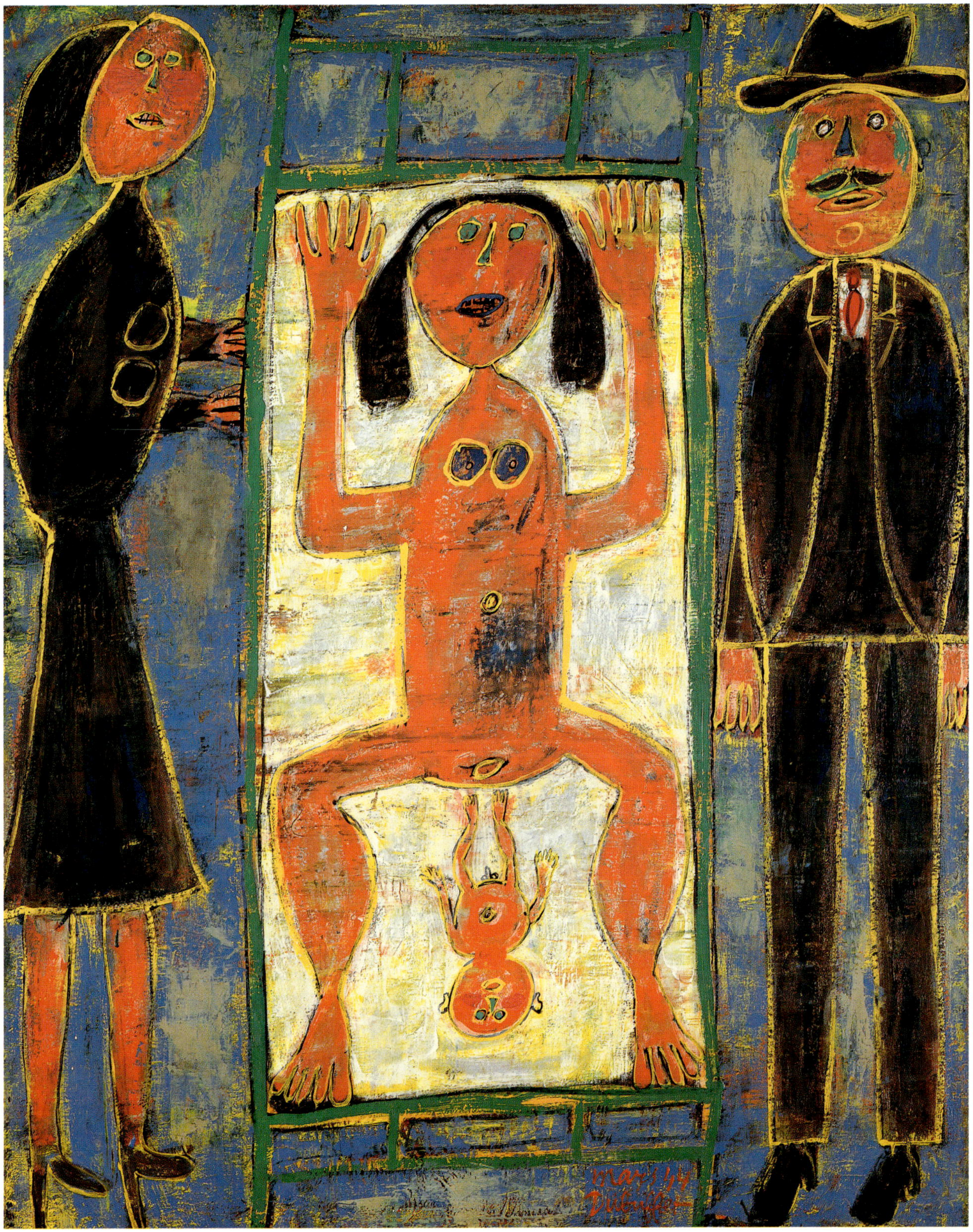

Huile sur toile, 100 x 81 cm, The Museum of Modern Art, New York, don de Pierre Matisse à la mémoire de Patricia Kane Matisse, 1982

ville

1944
Paysage Vineux

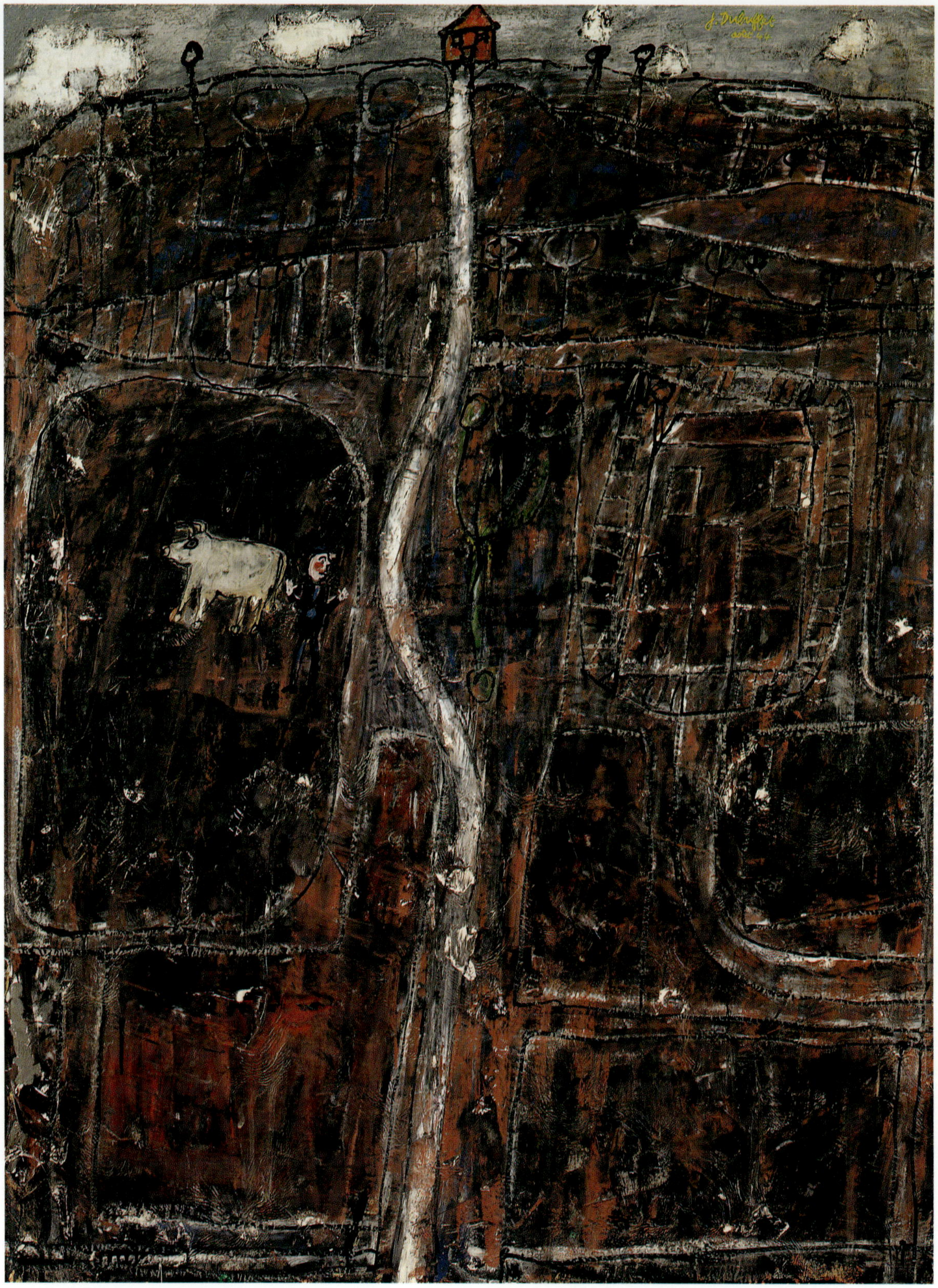

Huile sur toile, 125 x 95,5 cm, Centre Pompidou / Musée national d'art moderne, Paris, achat, 1985

« Aux déformations mécaniques de la perspective linéaire classique – la table en trapèze, l'assiette ovale – je préfère des déformations procédant d'intentions expressives, où l'ingéniosité, l'invention, le caprice, jouent comme il se doit » (*Prospectus et tous écrits suivants*, t. I, *op. cit.*, p. 74).

Message « Émile est reparti... » 1944

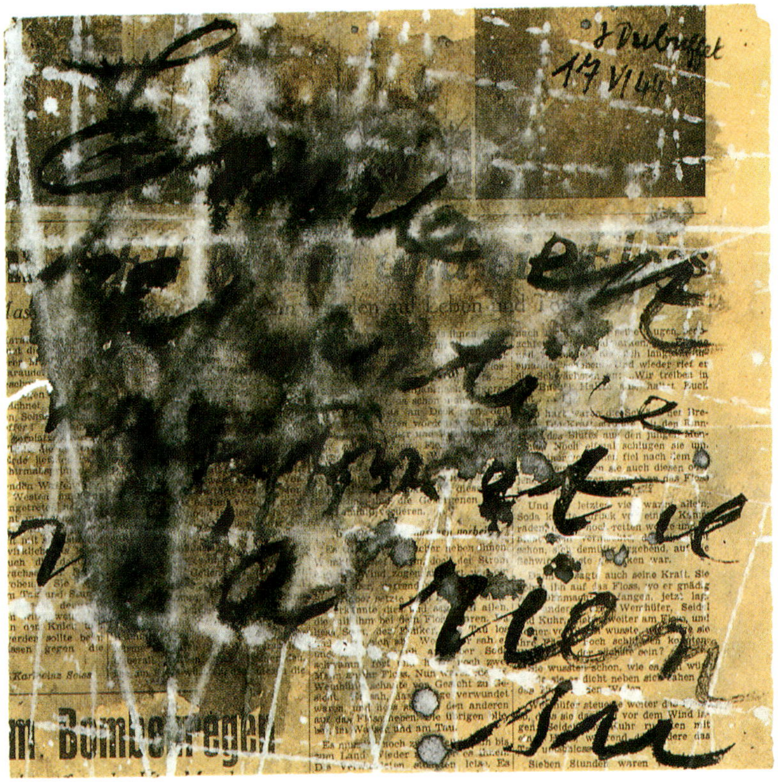

Encre de Chine et gouache sur papier journal, 21 x 21,5 cm, Musée des arts décoratifs, Paris

1945 Mur aux inscriptions

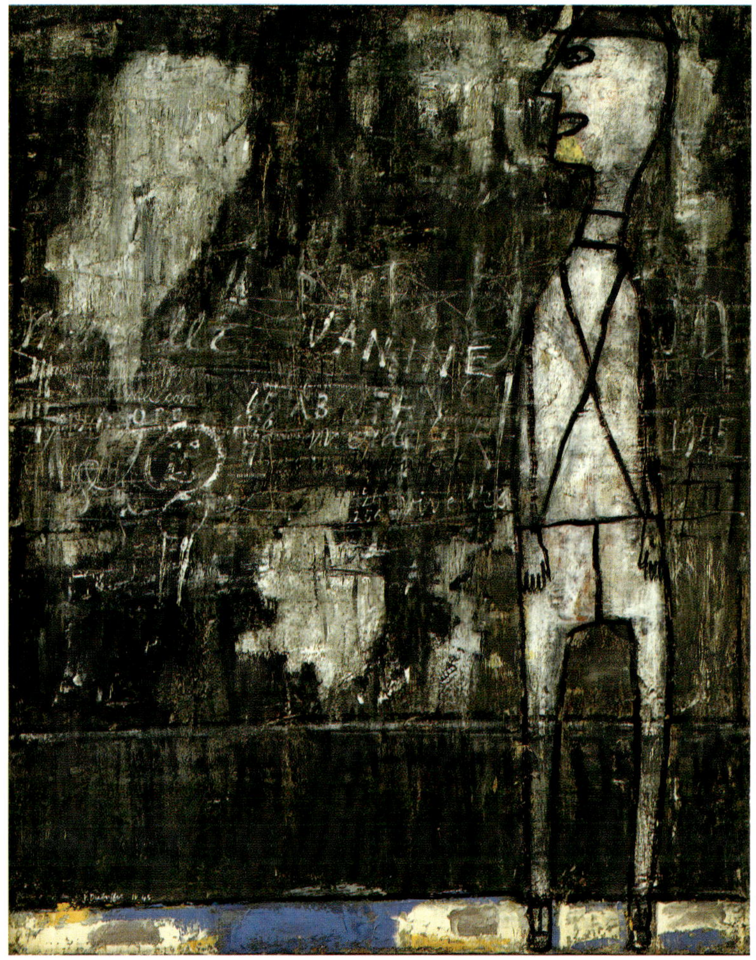

Huile sur toile, 100 x 81 cm, The Museum of Modern Art, New York, Nina et Gordon Bunshaft Fund, 1966

Marionnettes de la ville et de la campagne

« C'est la verticalité, l'érection rigoureusement verticale qui surtout là m'impressionne. Observez que les murs ne diffèrent guère des sols, sauf qu'ils sont verticaux. Ils fonctionnent pour moi comme surface vierge offerte pour y projeter ce qui m'emplit l'esprit [...]. J'ai un vif goût pour le frontal, tout ce qui est frontal, fait face à mon regard. Je me suis toujours plu à figurer le paysage érigé verticalement comme un mur. Le mur m'apparaît comme un livre, un ample livre, sur lequel on peut écrire, et lire » (*Prospectus et tous écrits suivants*, t. III, *op. cit.*, p. 124).

« Il est vrai que la manière du dessin est dans ces peintures exposées tout à fait exempte d'aucun savoir-faire convenu comme on est habitué à le trouver aux tableaux faits par des peintres professionnels, et telle qu'il n'est nullement besoin d'aucunes études spéciales ni d'aucuns dons congénitaux pour en exécuter de semblables. […].
On voit tout de suite que j'ai travaillé ici avec mon doigt, là avec une cuiller ou la pointe d'un grattoir. […]
Il est vrai que je me suis trouvé porté dans mes triturations de matières, et manières de les appliquer, à des allusions qui le plus souvent visent non pas des matériaux réputés nobles tels que le marbre ou les bois des îles mais plutôt des substances très vulgaires et sans prix aucun comme le charbon, l'asphalte ou même la boue […]
La fonction de l'artiste est à mon sens d'élargir les conquêtes et annexions de l'homme sur des mondes qui lui étaient ou semblaient hostiles, et s'il est donné de révéler pour une chose belle et exaltante quelque objet qui naguère faisait horreur, c'est tout gain » (*Prospectus et tous écrits suivants*, Paris, Gallimard, 1967, t. II, p. 63-66).

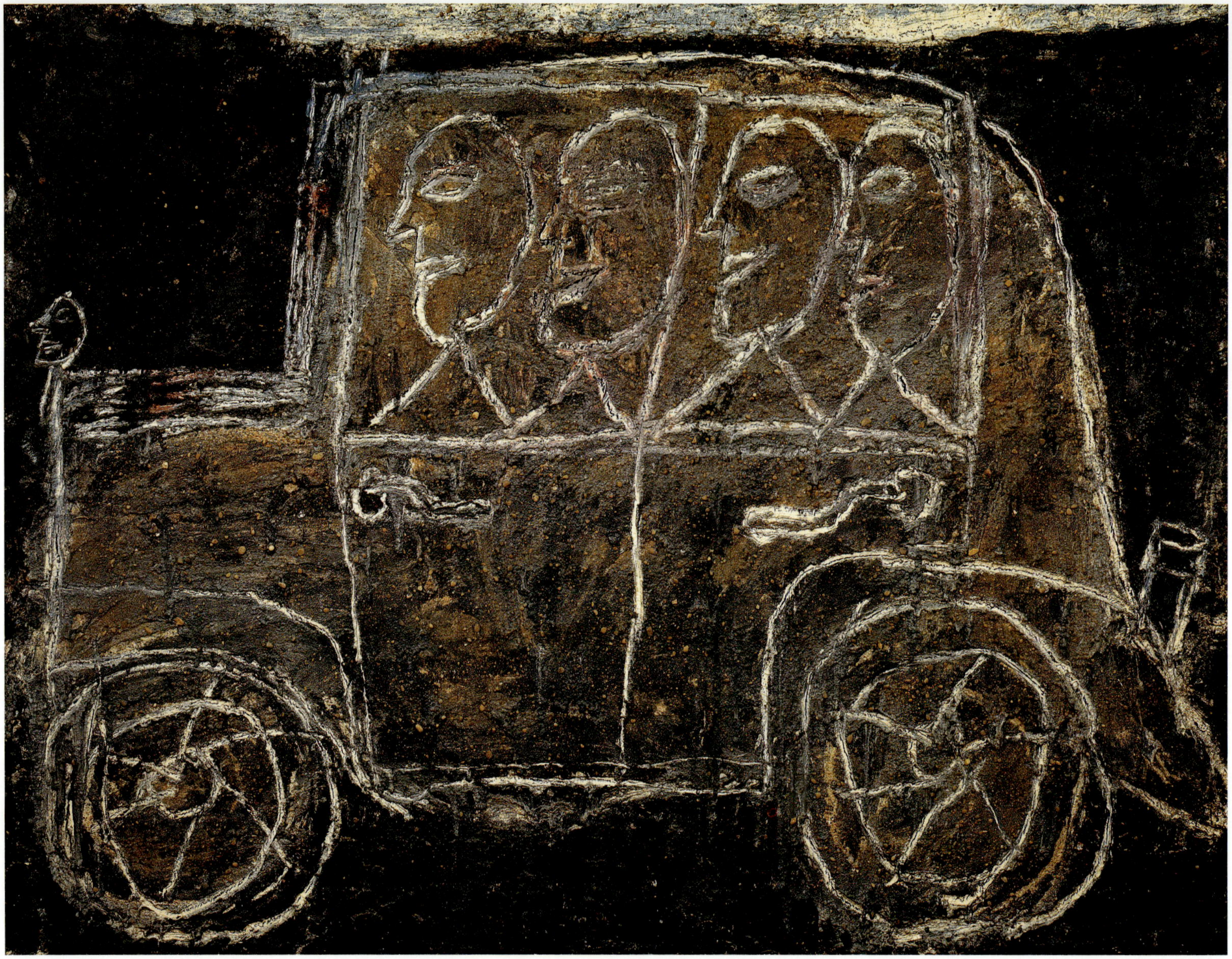

Haute pâte sur toile, 97 x 130 cm, collection Richard S. Zeisler, New York

1946
Touring-club

1946

Terracota la grosse bouche

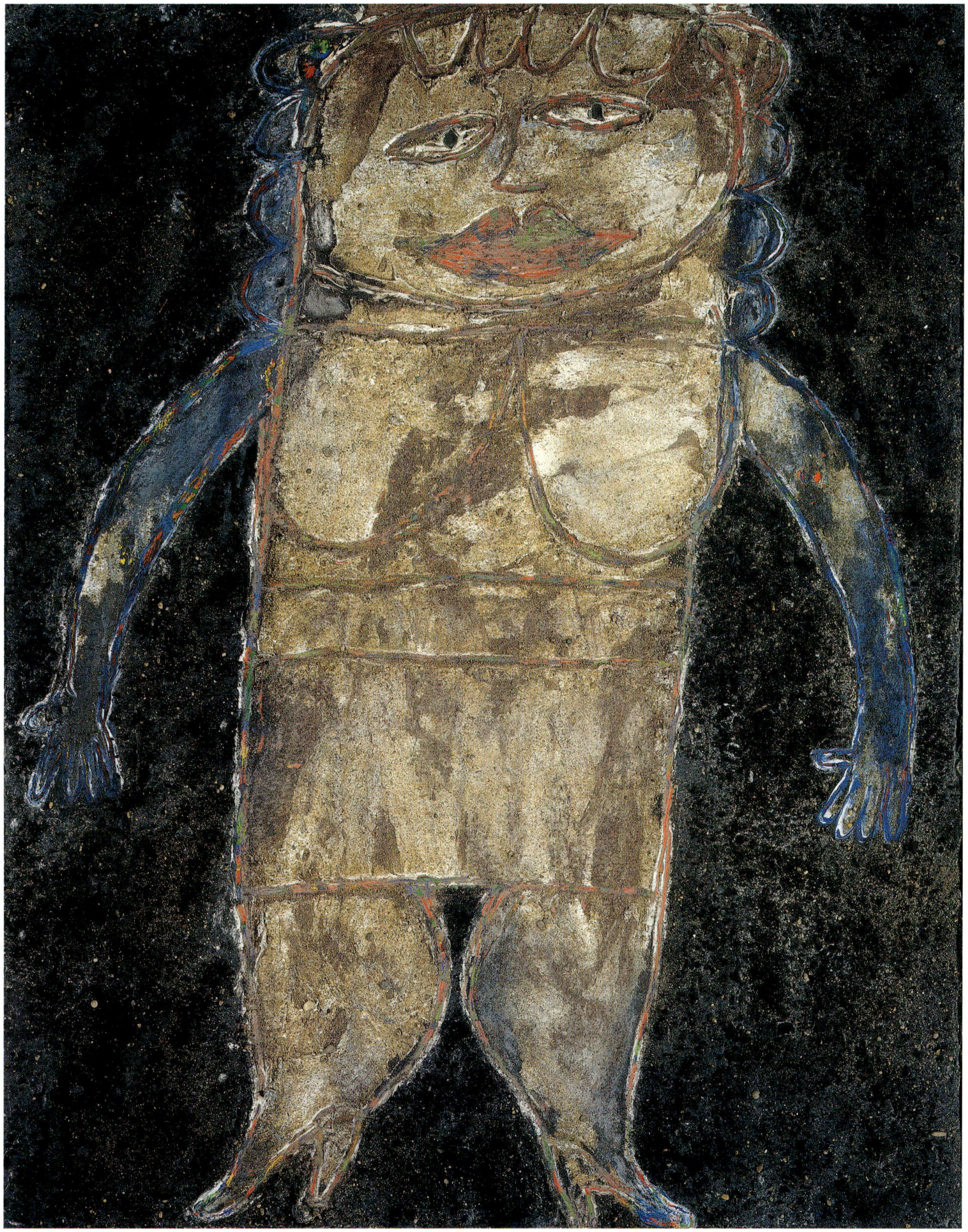

Huile sur toile, 100 x 81 cm, National Gallery of Art, Washington, The Stephen Hahn Family Collection (Partial and Promised Gift)

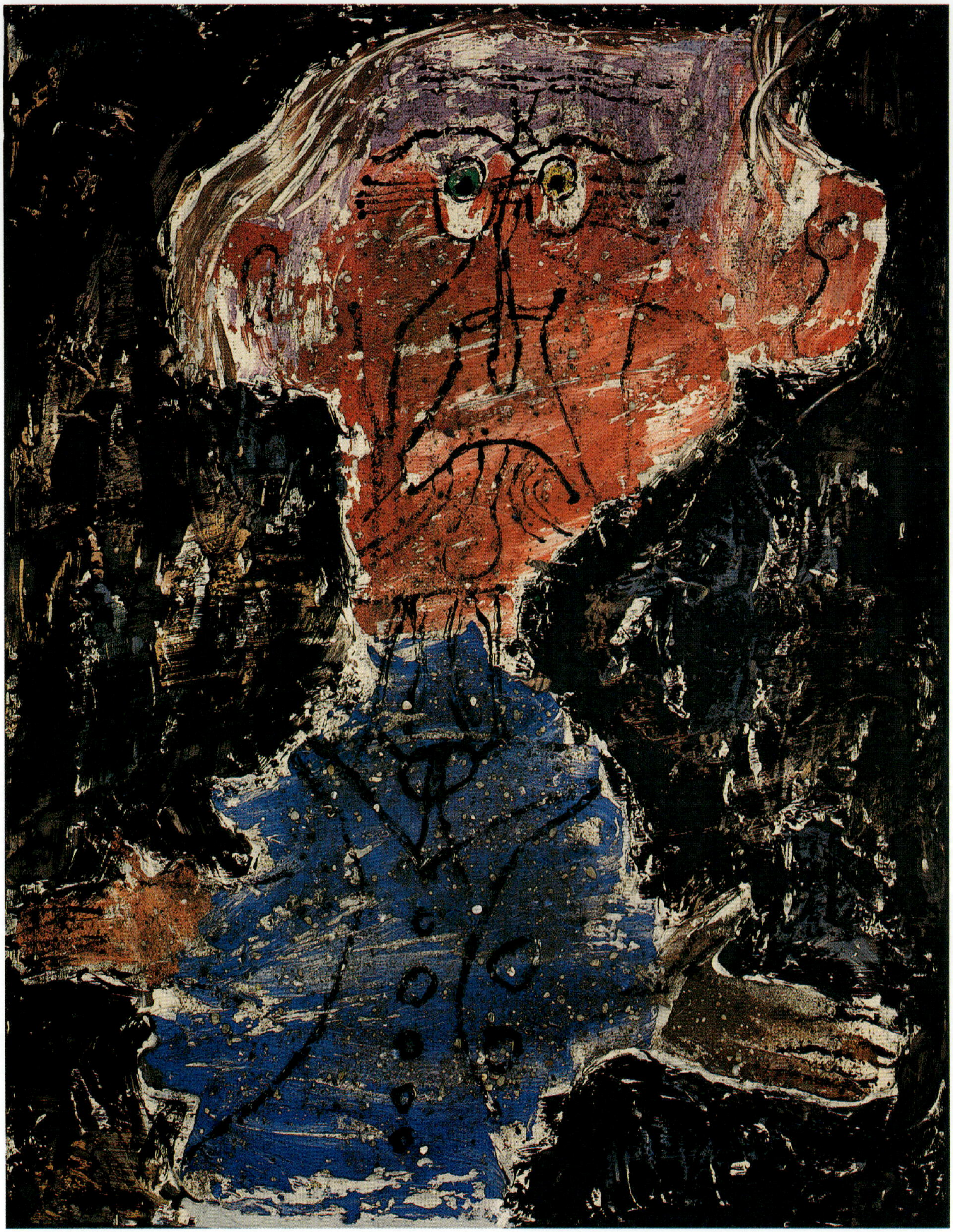

Huile sur toile, 92 x 73 cm, The Museum of Modern Art, New York, William H. Weintraub Fund, 1985

Léautaud Sorcier peau-rouge 1946

1947 Dhôtel nuancé d'abricot

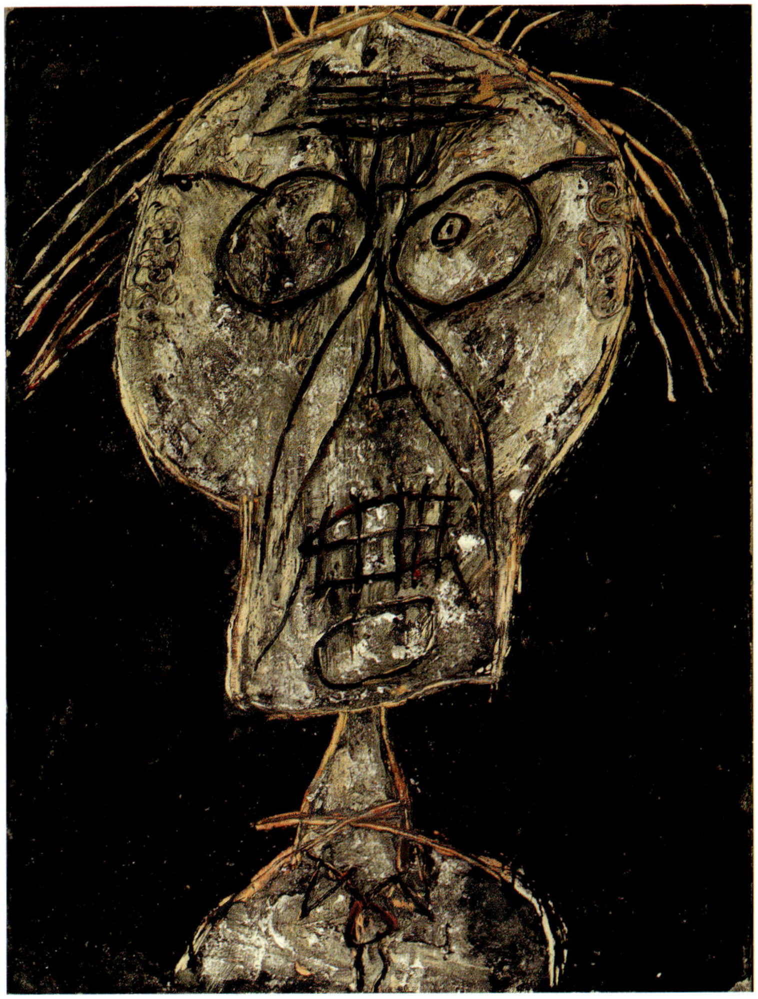

Huile sur toile, 116 x 89 cm, Centre Pompidou / Musée national d'art moderne, Paris, achat avec la participation de la Scaler Foundation, 1981

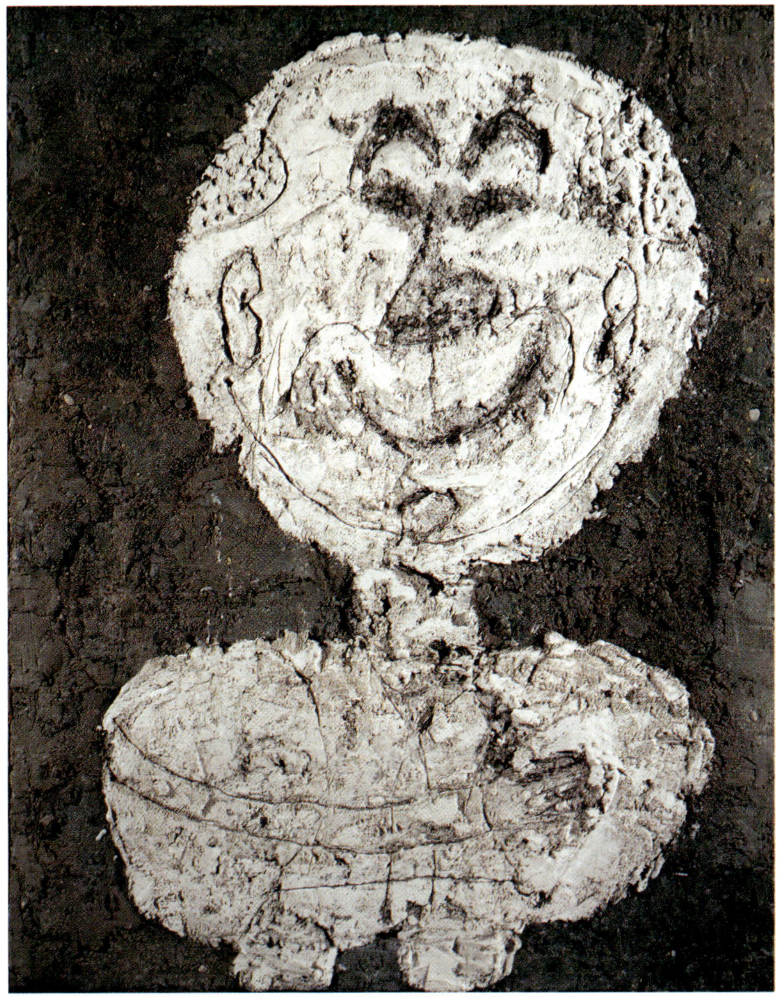

Chaux et plâtre, 110 x 88 cm, collection privée

Francis Ponge jubilation 1947

Plus beaux qu'ils croient

« Pour qu'un portrait me fonctionne vraiment bien j'ai besoin que ça soit à peine un portrait. À la limite de n'être plus un portrait. C'est alors que ça prend son fonctionnement dans toute sa force. J'aime beaucoup les choses portées à leur extrême limite possible » (*Prospectus et tous écrits suivants*, t. II, *op. cit.*, p. 72).

1948
Sahara (Arabes groupés autour d'un chameau)

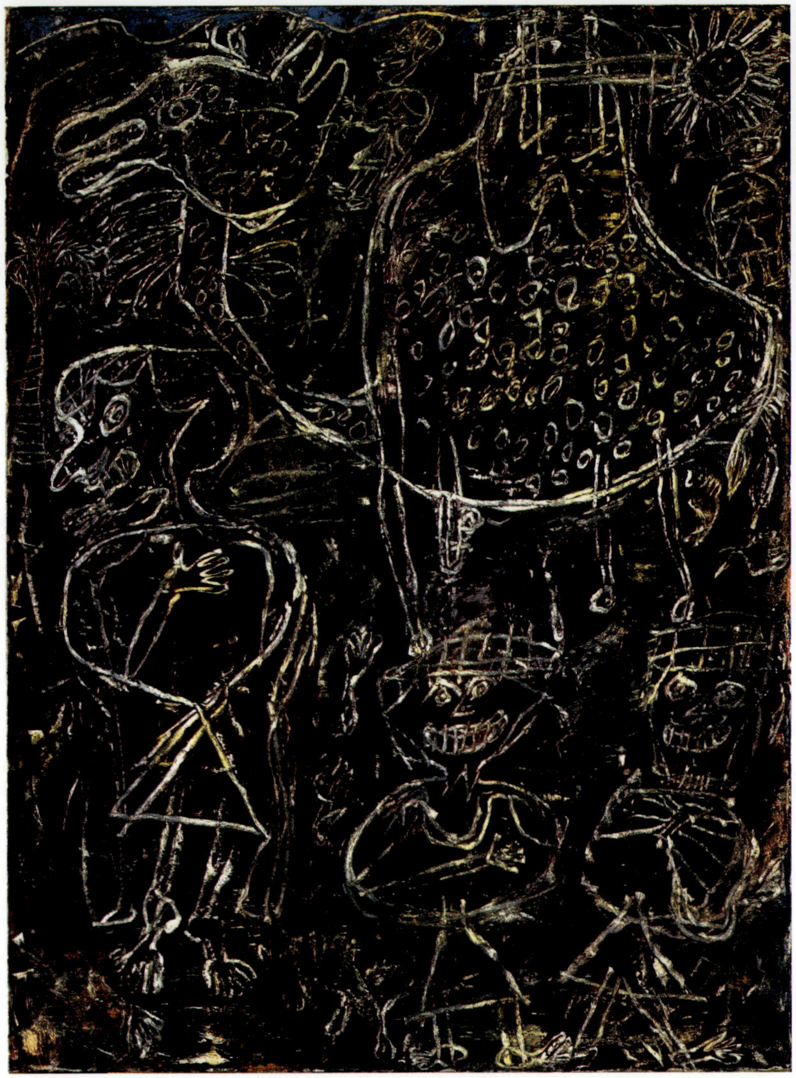

Huile sur toile, 116 x 89 cm, collection Samuel et Ronnie Heyman, New York

Roses d'Allah clowns du désert

« On vit ici, on piétine et repiétine parmi des empreintes de pieds. C'est ravissant les empreintes de pieds, moulés dans le sable fin comme dans du plâtre. Pieds d'hommes, pieds de femmes, pieds d'enfants. Pieds d'ânes aussi, pieds de chèvres, pieds de chameaux. Ça ne se conserve pas très longtemps, c'est effacé par d'autres empreintes aussi ravissantes d'autres pieds. Tout le sol de l'oasis ainsi piétiné et repiétiné et rempli de marques et de signes est comme un immense cahier de brouillons, cahier d'improvisations, comme un vaste tableau noir d'école tout plein de chiffres dans lequel on vit, on s'immerge, on se dissout, on se saborde » (Lettre à J. Berne, El Goléa, 5 février [1948], dans *Prospectus et tous écrits suivants*, t. II, *op. cit.*, p. 258).

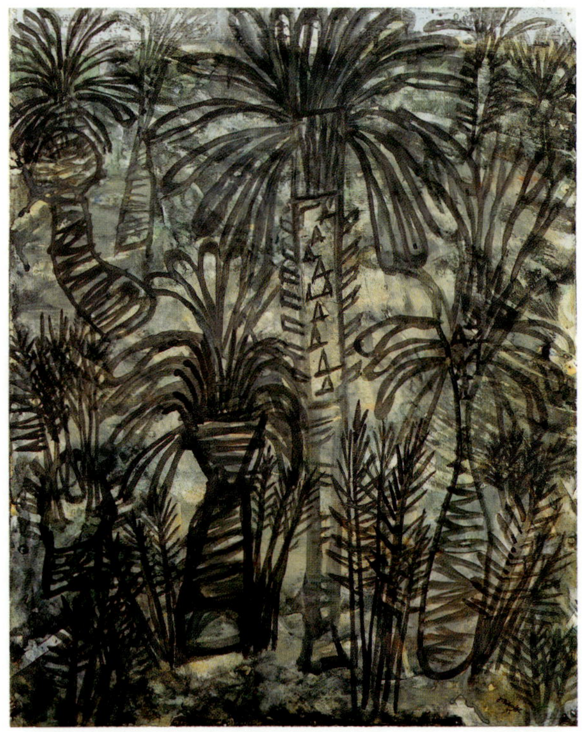

Palmeraie
1948

Gouache, 55 x 44 cm, collection privée, courtesy Baudoin Lebon, Paris

Paysages grotesques

« Je t'ai envoyé une boîte de sable, échantillon de l'objet capital du pays. Tu verras bien comme ce matériau est intéressant. Sur le flanc des dunes il glisse et coule comme un liquide. Point de meilleur compagnon que le sable, on ne se lasse pas d'y plonger les mains, de le pétrir, d'y faire tracés et empreintes » (Lettre à Jacques Berne, El Goléa, 26 mars [1948], dans *Prospectus et tous écrits suivants*, t. II, *op. cit.*, p. 261).

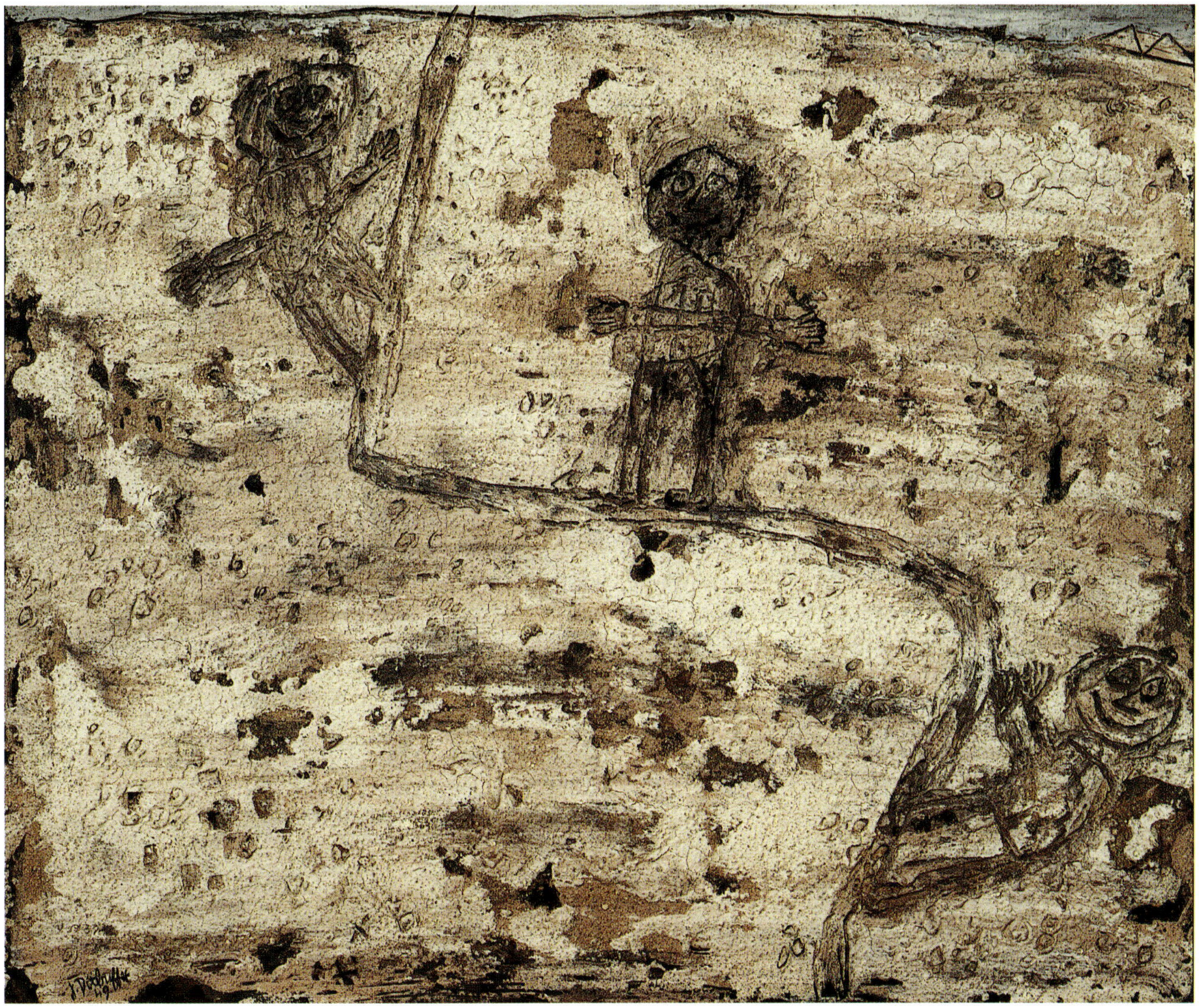

Huile sur isorel, 50 x 61 cm, The Museum of Modern Art, New York, don de Pierre Matisse à la mémoire de Patricia Kane Matisse, 1978

La Piste au désert ou la piste saharienne

1949

« On trouvera dans ces nus [des rapprochements] de textures évoquant de la chair humaine (voire au point de violenter peut-être un peu parfois le sentiment de décence, mais cela aussi me semblait efficace) avec d'autres textures n'ayant plus rien à voir avec l'humain, mais suggérant plutôt des sols ou toutes sortes de choses telles que des écorces, des roches, des faits botaniques ou géographiques. Je dois dire que j'éprouve une sorte de plaisir à mêler ainsi des faits qui n'appartiennent pas aux mêmes registres » (*Prospectus et tous écrits suivants*, t. II, *op. cit.*, p. 74).

Corps de

L'Oursonne

1950

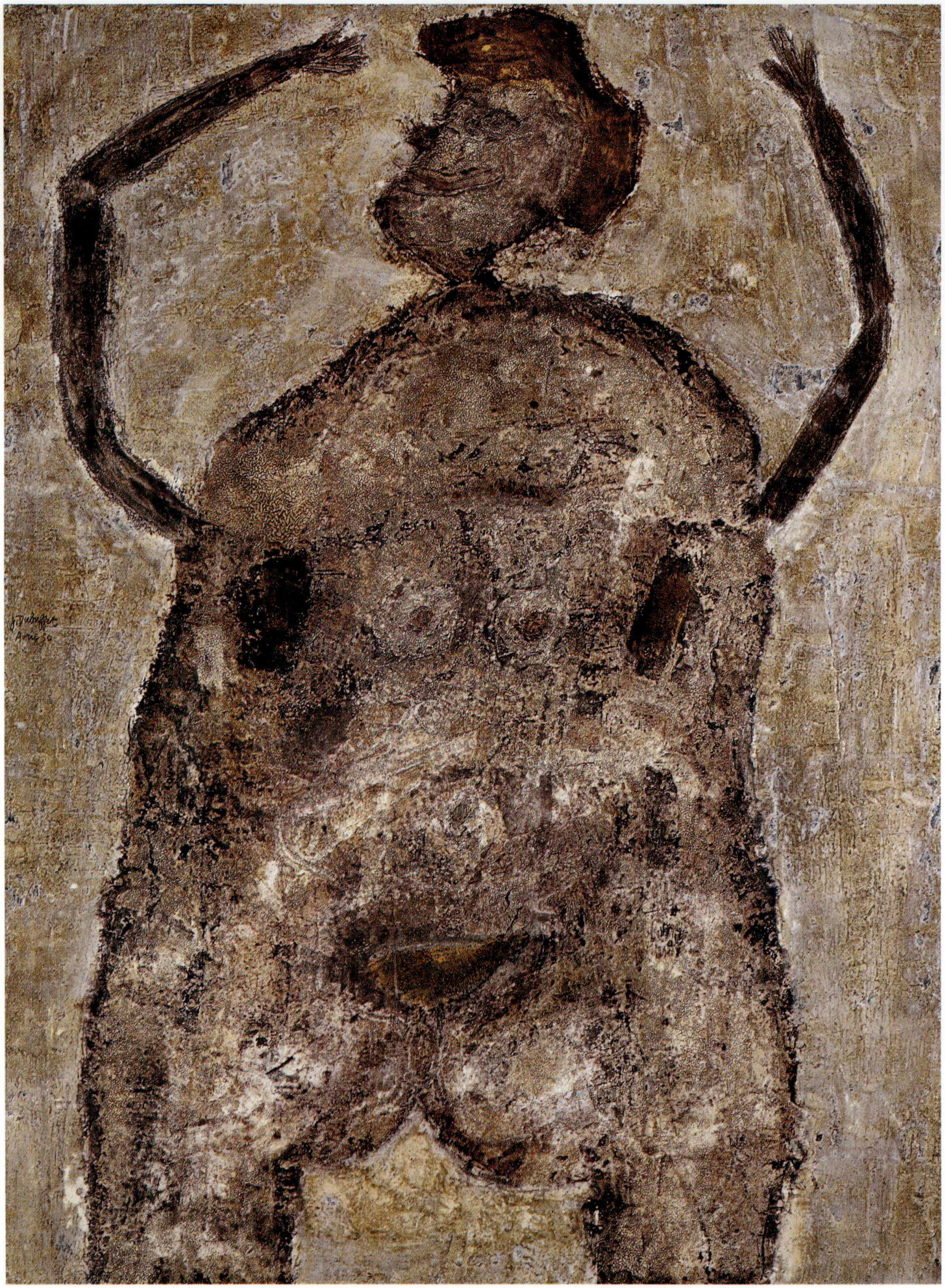

Huile sur toile, 116 x 89 cm, Staatliche Museen zu Berlin, Nationalgalerie

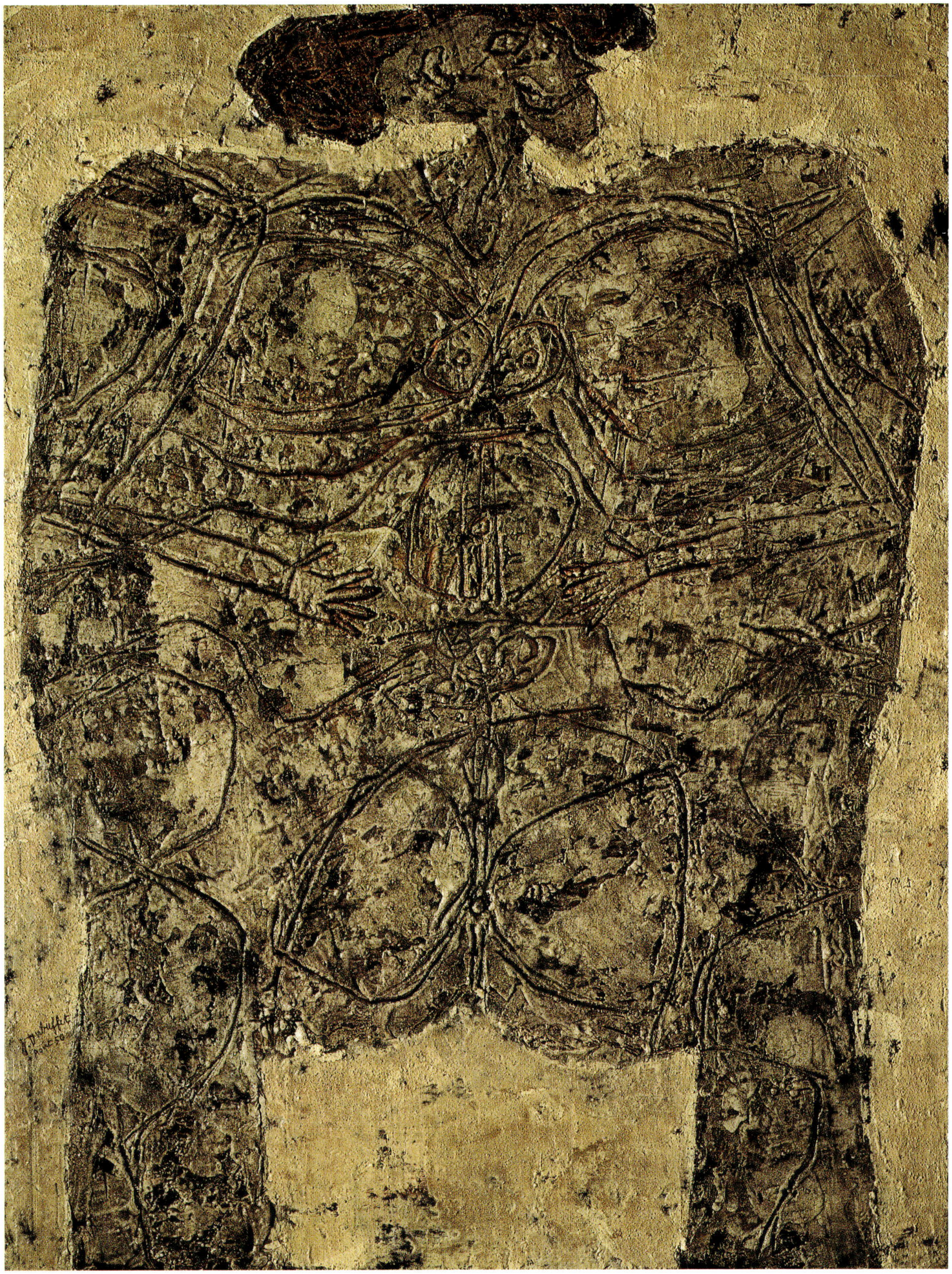

Huile sur toile, 116 x 89 cm, Centre Pompidou / Musée national d'art moderne, Paris, achat, 1976

Paysages du mental

« Peut-être mes séjours dans les déserts de l'Afrique blanche ont-ils fortifié mon goût (si caractéristique de l'humeur de l'Islam) pour le très peu, le presque rien, et notamment, s'agissant de mon art, pour des paysages où ne se voit rien d'autre que l'informe – étendues sans fin, semis de pierrailles – et dont est rejeté tout élément bien défini comme le seraient un arbre, une route ou une maison. C'est sûr que j'affectionne spécialement le sol et que des lieux de cette espèce me donnent plaisir » (*Prospectus et tous écrits suivants,* t. II, *op. cit.*, p. 79-80).

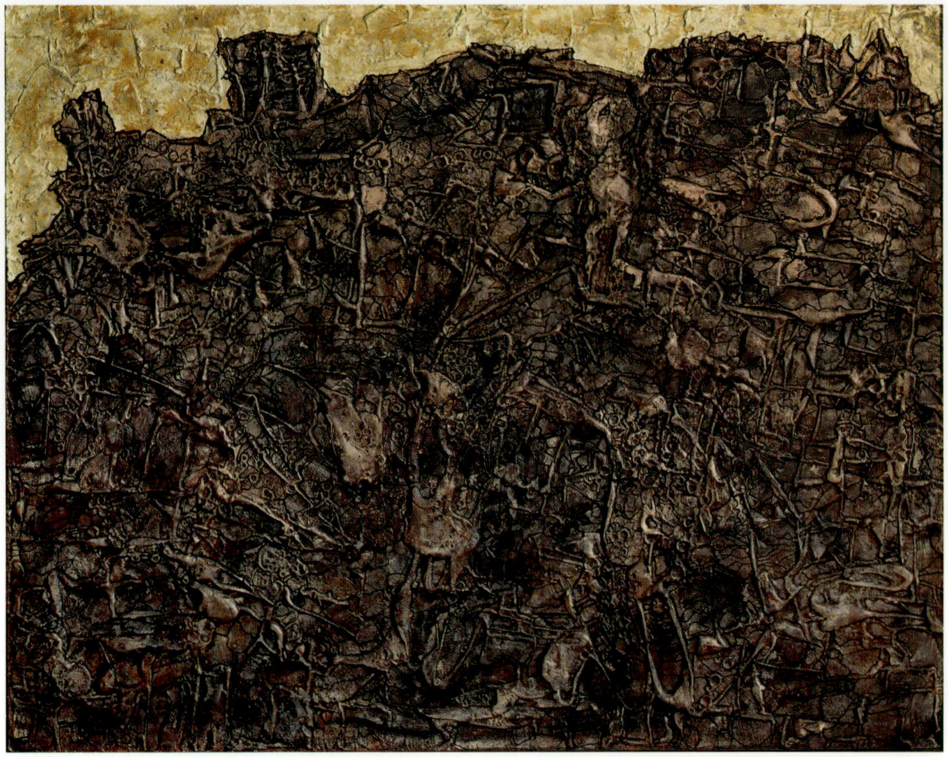

Huile sur isorel, 118 x 155 cm, Centre Pompidou / Musée national d'art moderne, Paris, achat, 1976

Le Voyageur sans boussole 1952

Ermitage en pays gluant 1952

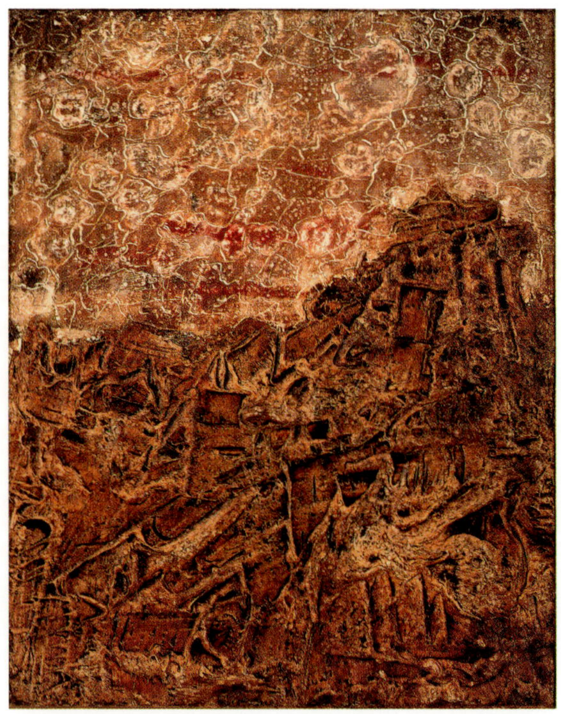

Huile sur toile, 81 x 65 cm, collection Morton et Linda Janklow, New York

Terres radieuses

1952

Paysage avec personnage

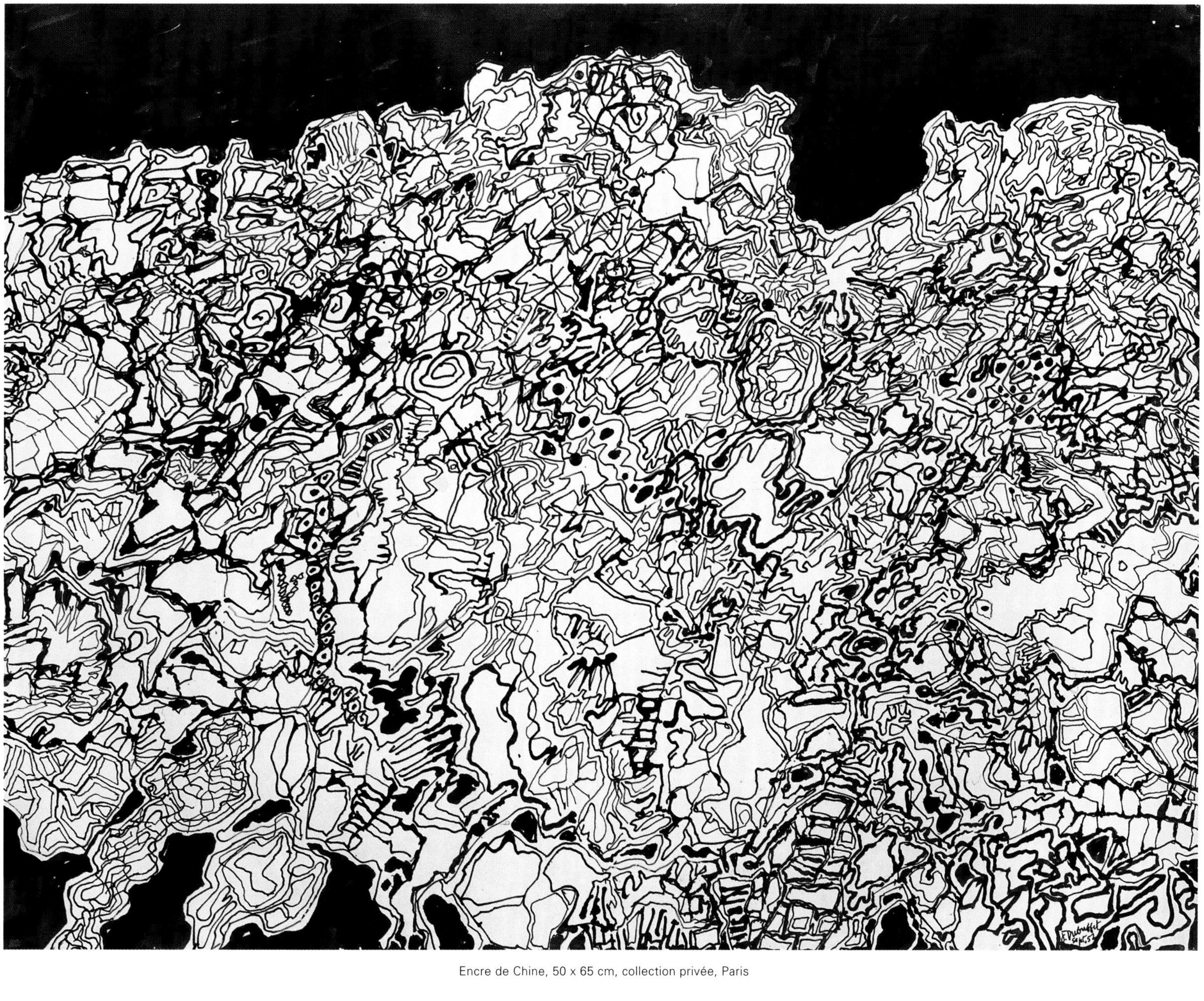

Encre de Chine, 50 x 65 cm, collection privée, Paris

Le Torrent 1953

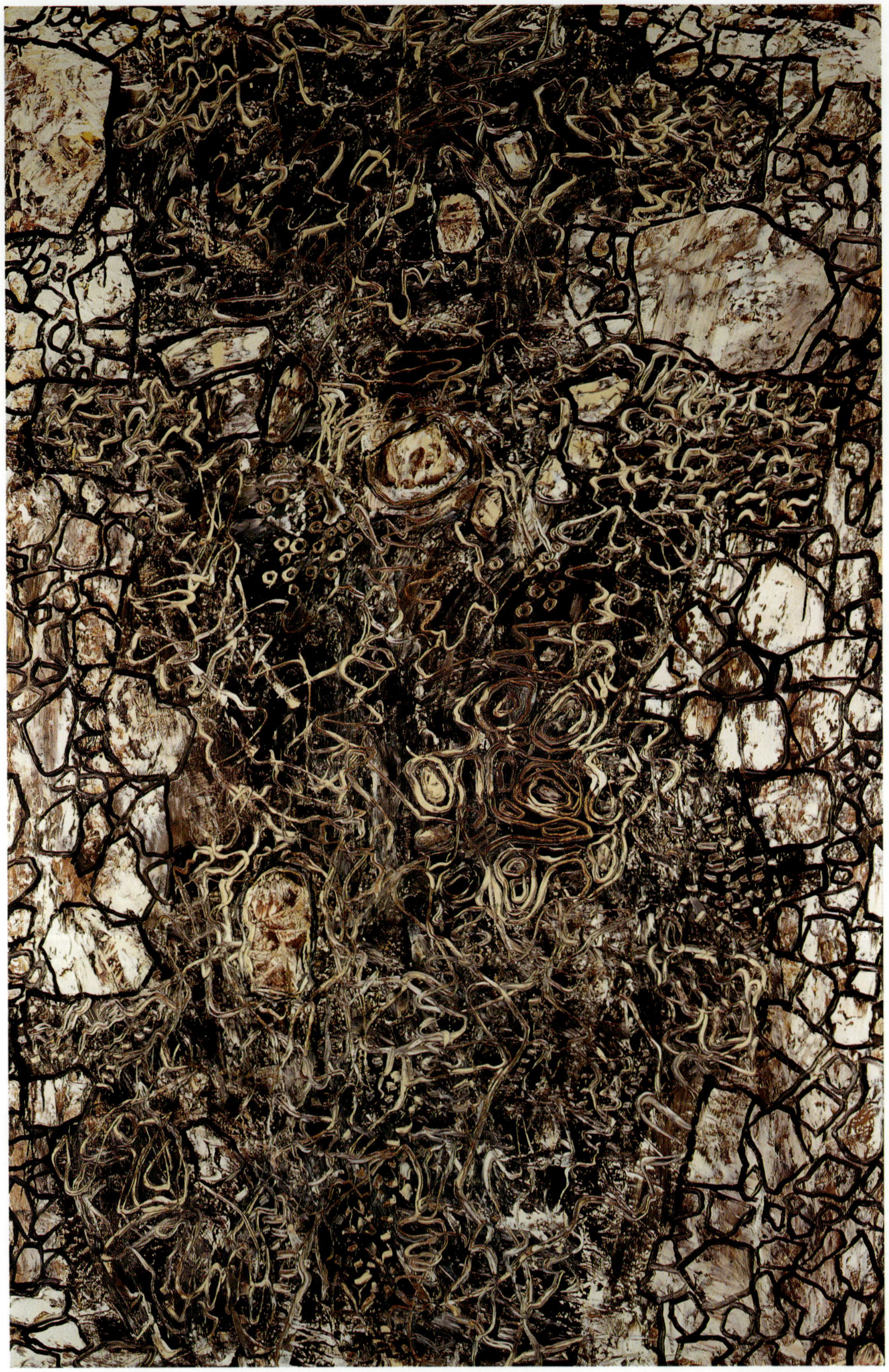

Huile sur toile, 195 x 130 cm, collection Fondation Dubuffet, Paris

« Ayant eu l'occasion, en juillet 1953, de suivre longuement en voiture, sur une route de Savoie, le cours d'un torrent, je conçus un vif désir de réaliser des peintures traitant des lits pierreux de ces eaux vives et des mouvements de ces eaux courant sur les pierres. L'idée de peindre de l'eau m'intéressait fort [...]. Quelques semaines plus tard, je retournai dans cette région, armé d'albums et de couleurs, afin d'étudier ce sujet sur le vif et demeurai pour cela plusieurs jours dans la montagne, faisant de ce torrent bon nombre de dessins et aquarelles » (*Prospectus et tous écrits suivants*, t. II, *op. cit.*, p. 93).

Personnage en ailes de papillons

1953

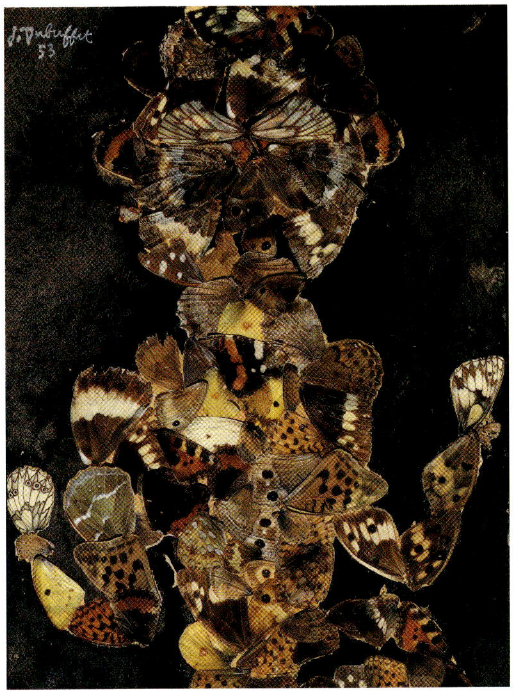

Ailes de papillons et gouache, 25 x 18,5 cm, The Hirshhorn Museum and Sculpture Garden, Washington, Smithsonian Institution, Joseph H. Hirshhorn Purchase Fund, 1991

Ailes de papillons

« Une trentaine de petites compositions, faites d'ailes fixées sur le papier par une touche de colle, avec des fonds teintés d'aquarelle, et souvent après coup historiées au petit pinceau de fins dessins rappelant ceux que forment spontanément les nervures, fut ainsi peu à peu constituée. [...]
Mes petits tableaux présentaient une couleur d'ensemble nacrée, irisée, où la notion d'éclat subtil vient remplacer celle de couleur proprement dite et lui substituer un scintillement que j'allais après cela m'efforcer avec entêtement d'obtenir dans mes peintures » (*Prospectus et tous écrits suivants*, t. II, *op. cit.*, p. 110, 113).

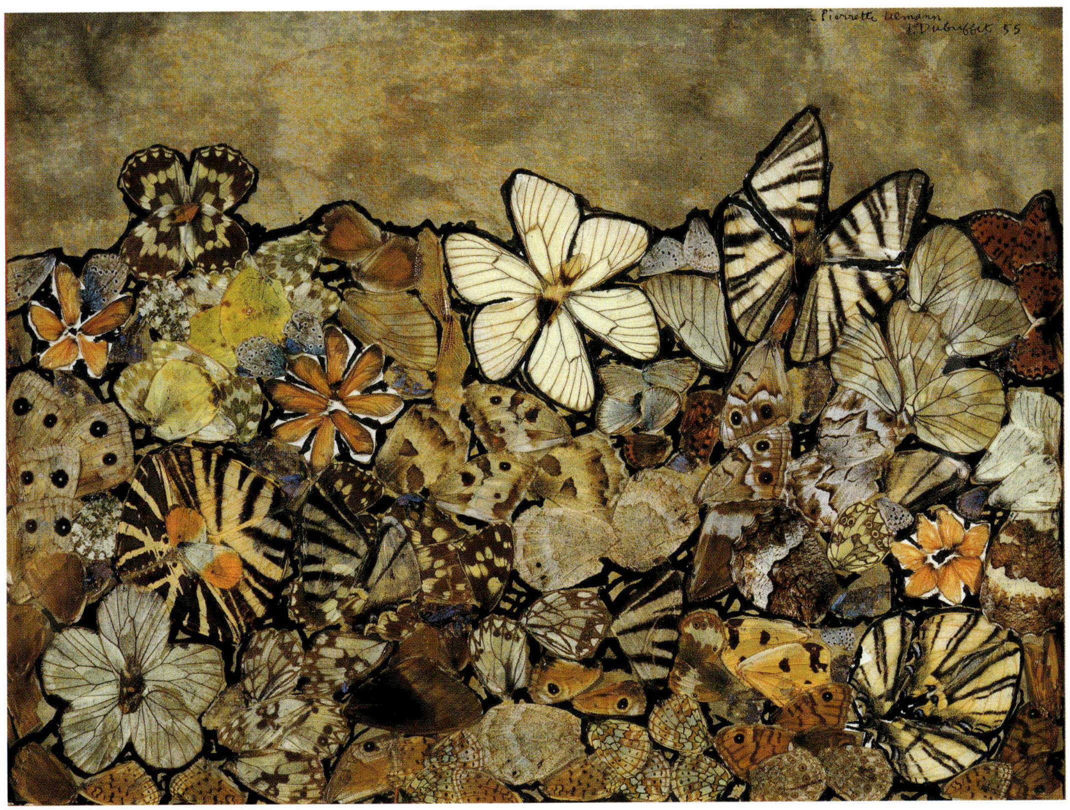

Ailes de papillons, 21 x 29 cm, collection privée

1955

Jardin au ciel rose

1954
Personnage aux yeux de strass

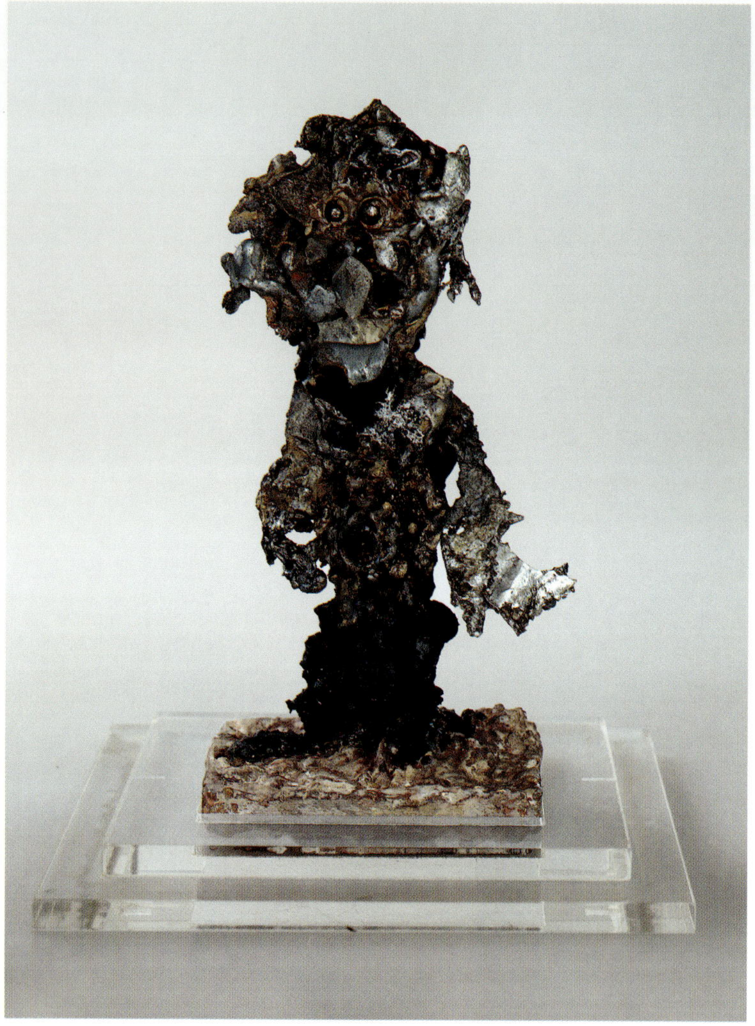

Débris d'une automobile brûlée, H 25,5 cm, collection privée

Petites statues de la vie précaire

« *Personnage aux yeux de strass* utilisait les débris d'une automobile incendiée qui se trouvait dans le garage où je remisais ma propre voiture.
Les suivantes furent faites à l'aide de morceaux de mâchefer assemblés à l'aide de ciment. Ce fut d'abord le mâchefer recueilli dans les boîtes à ordures de l'immeuble que j'habite, puis bientôt du mâchefer que j'allais recueillir, ainsi du reste que divers autres détritus [...] dans le parc des locomotives de Montrouge » (*Prospectus et tous écrits suivants*, t. II, *op. cit.*, p. 98).

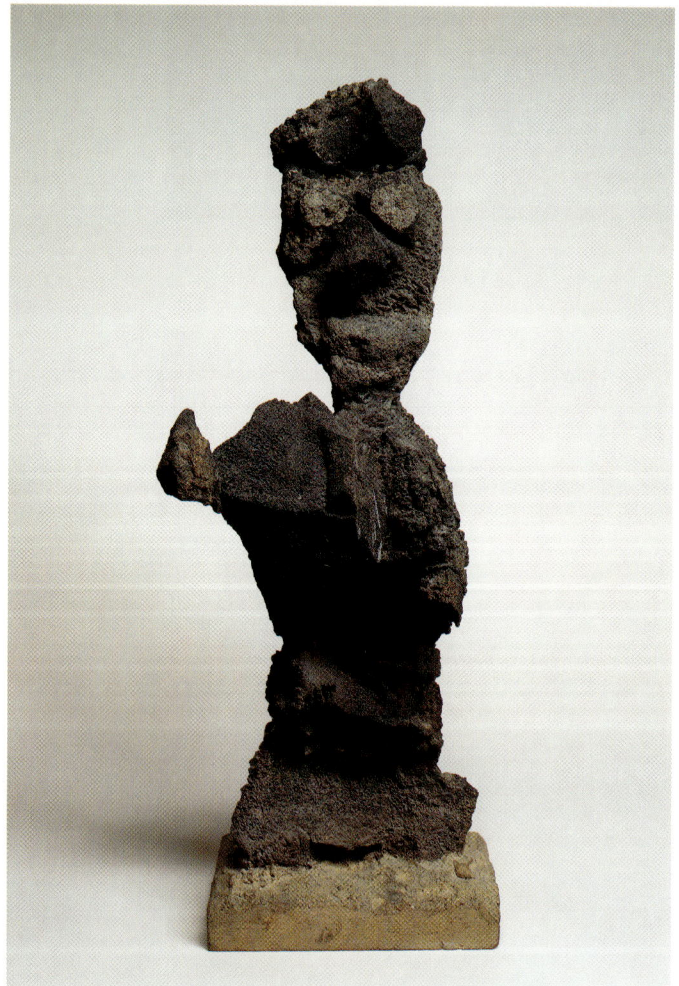

Lave de Volvic, H 52, collection Nancy Olnick et Girogio Spanu, New York

Madame j'ordonne
1954

Vache la belle fessue

1954

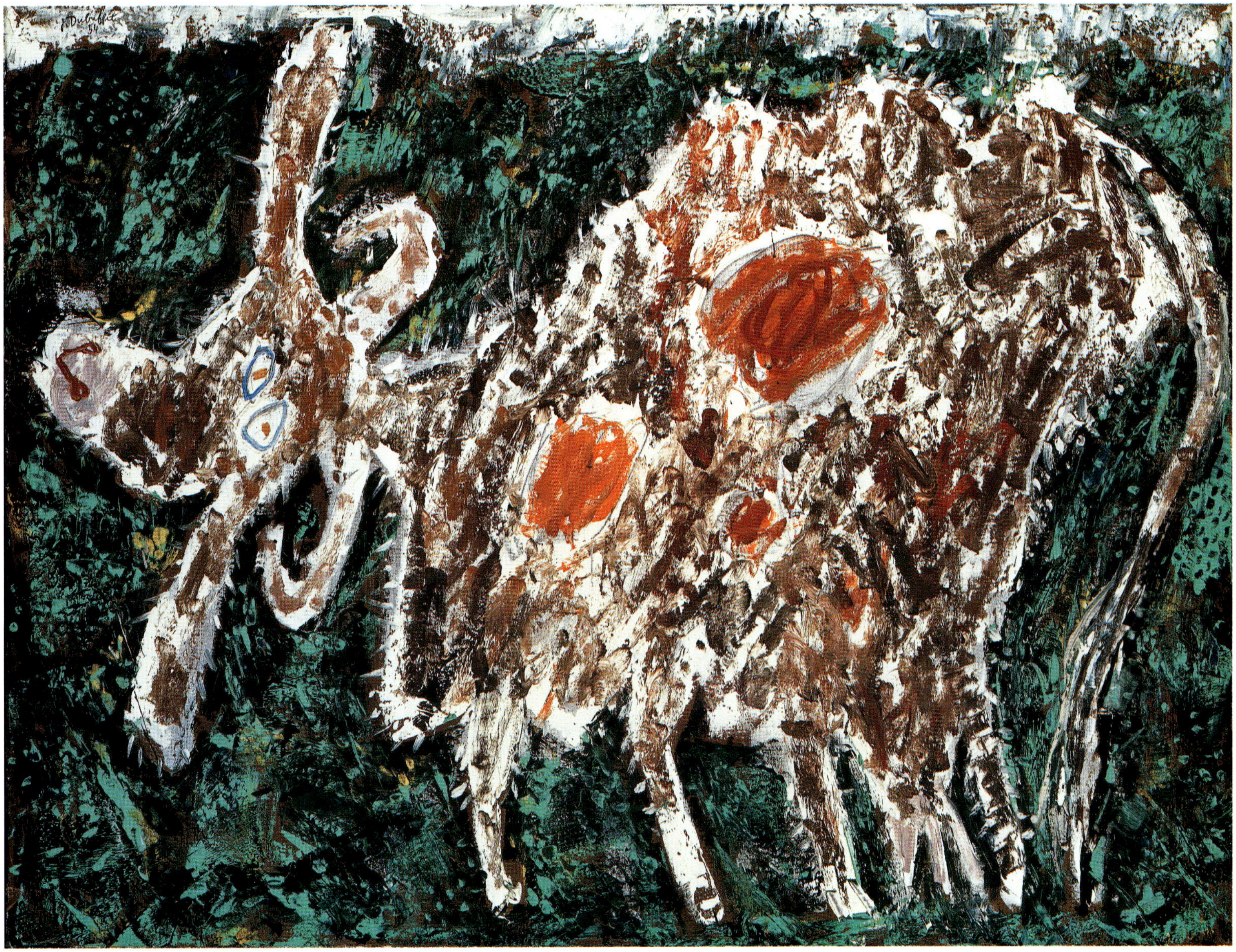

Huile sur toile, 97 x 130 cm, collection Samuel et Ronnie Heyman, New York

Vaches

« Je me suis plu souvent à faire de la vache une espèce de guignol saugrenu, et de tous les éléments de la campagne – prairie, arbres et autres – une sorte de théâtre grotesque, de clownerie de cirque. […] Semblable démarche n'a jamais été chez moi consciemment délibérée mais il se peut bien, à la réflexion, que j'aie obéi obscurément, en portant la transcription de ceux-ci sur un plan de clownerie endiablée, arbitraire et fantasmagorique, à l'idée de leur conférer, par le moyen de cette irréalité même, une réalité plus intensément vivante » (*Prospectus et tous écrits suivants*, 1995, t. II, *op.cit.*, p. 105).

L'Extravagante 1954

Peintures laquées

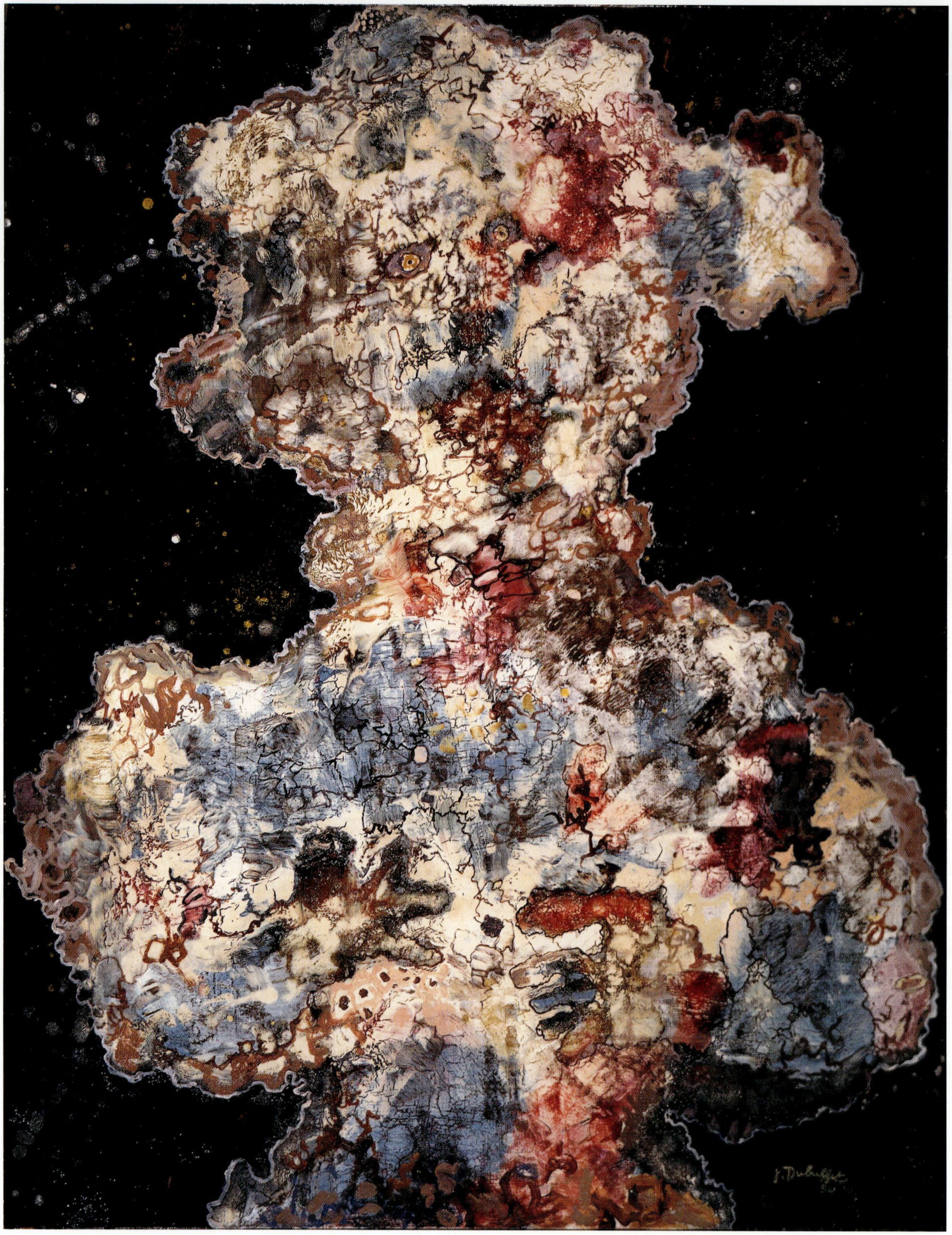

Huile sur toile, 92 x 73 cm, collection Morton et Linda Janklow, New York

« J'envisageais de faire sur des toiles toutes sortes d'expériences de textures diverses, taches, maculations, etc., dans lesquelles je pourrais ensuite découper les parties qui me plaisaient et les assembler à ma guise. […] Cette nouvelle technique d'assemblages me donna, sitôt entreprise, l'impression de se prêter parfaitement à traiter les sujets qui me préoccupaient depuis de longs mois, et qui étaient, comme on l'a vu, le sol du chemin, les herbes et menues plantes poussant sur ses côtés, le pied du mur, puis les jardins, les terres d'humus jonchées de brindilles et débris de feuilles mortes, aux textures très complexes, enfin les sols pierreux de montagnes, peuplés de fines végétations discrètes – thym, serpolet, mousses et lichens – les tapis de gazons sauvages » (*Prospectus et tous écrits suivants*, t. II, *op. cit.*, p. 116,119).

Tableaux d'assemblages

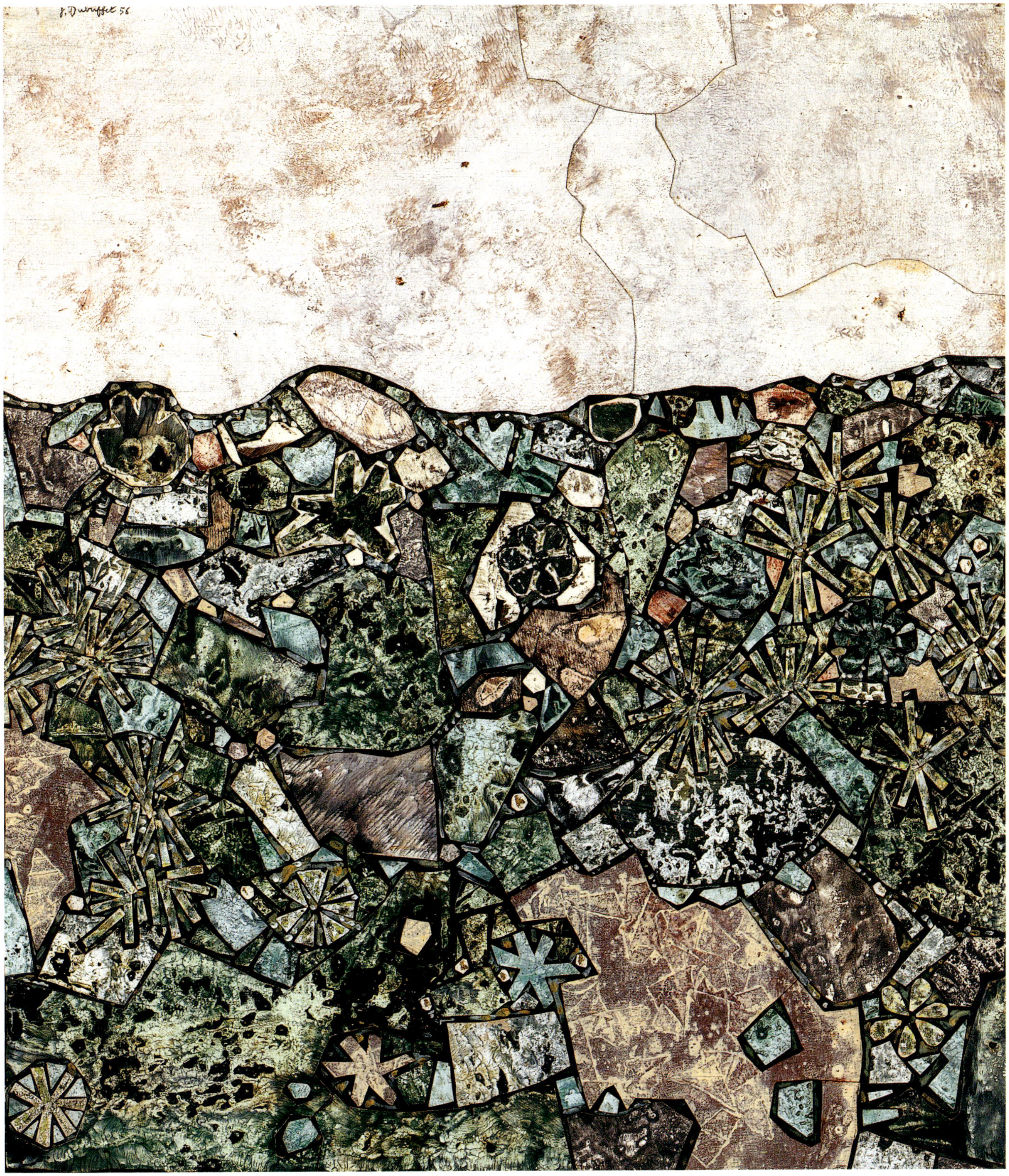

Huile sur toile (assemblage), 101 x 89 cm, collection Morton et Linda Janklow, New York

1955

Noël au sol

Sérénité profuse 1957

Huile sur toile, 114 x 146 cm, Centre Pompidou / Musée national d'art moderne, Paris, achat, 1982

Célébration

1957 Texturologie IV (nuancée de rosâtre)

Huile sur toile, 114 x 146 cm, Acquavella Galleries, Inc

du sol

« Ce que ces tableaux me fournissent encore c'est une paix. Paix tonique et ardente, plan d'exaltation sereine comme celle des méditations asiatiques. Grande paix des tapis, plaines nues et vides, silencieuses étendues ininterrompues dont rien ne vient altérer l'homogénéité, la continuité. J'aime les amples mondes homogènes sans jalons ni limites comme sont la mer, les hautes neiges, les déserts et steppes ; j'aspire à des peintures qui m'en procurent l'équivalence. Que les aires de terrain qui s'y trouvent évoquées soient aux dimensions d'une serviette ou tout au plus d'un lit ne me trouble pas à cet égard. Ou plutôt si : augmente mon trouble, par le vertige que m'occasionne l'équivoque de la dimension – le même souffle des grands espaces exhalé par si petit site qui devient vaste comme toute une étoilerie d'été. La notion même de dimension y chavire et s'y abolit » (*Prospectus et tous écrits suivants*, t. II, *op. cit.*, p. 156).

As-tu cueilli la fleur de barbe

« J'ai aimé à porter l'effigie humaine sur un plan de gravité, où les futiles agréments esthétiques n'ont plus de place, sur un plan de haute cérémonie, de solennel office de célébration, en m'aidant de ce que Joseph Conrad appelle "mélange de familiarité et de terreur" dont est faite la dévotion que bien des esprits religieux portent à leurs dieux et qui n'exclut pas à l'adresse de ceux-ci, à l'occasion, l'usage d'injures.
Où la connivence est totale, où l'attachement et l'estime sont inaltérables, règne un langage nouveau : rude, elliptique et désinvolte. On comprendra, je l'espère, à ces brèves indications, combien l'humeur dans laquelle j'ai peint ces personnages est éloignée de celle de bouffonnerie que l'on m'a si généreusement prêtée. Ma position est exclusivement celle de célébration » (*Catalogue des travaux de Jean Dubuffet*, Paris, Jean-Jacques Pauvert, 1964, fasc. XV, p. 78).

La Fleur de barbe 1959

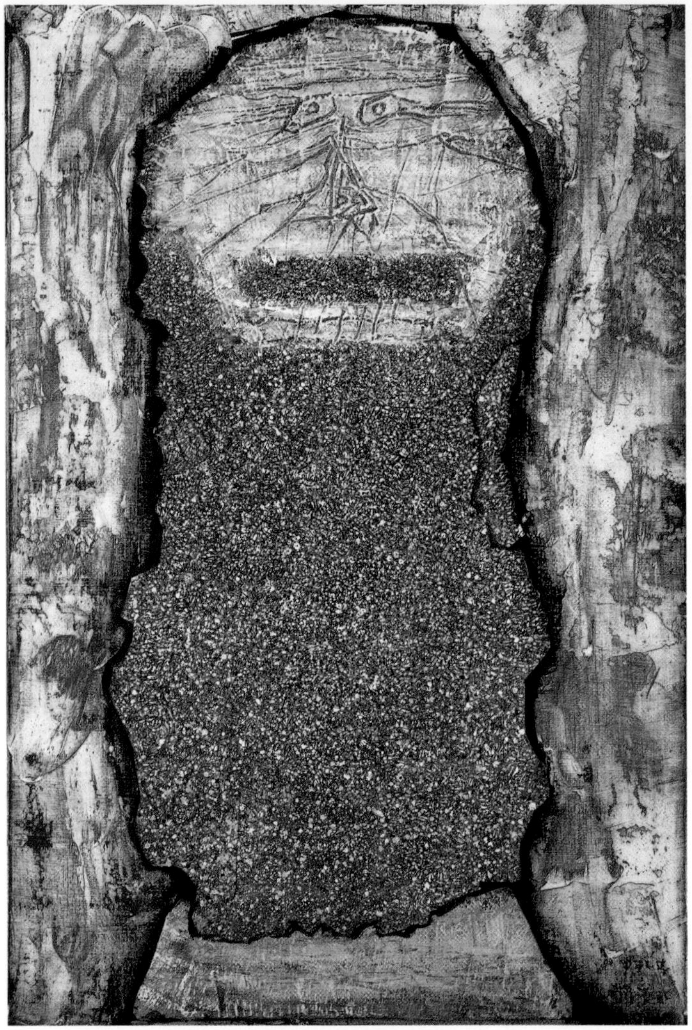

Assemblage (huile sur papier), 67 x 46 cm, collection Welle

Barbe des naufragés 1959

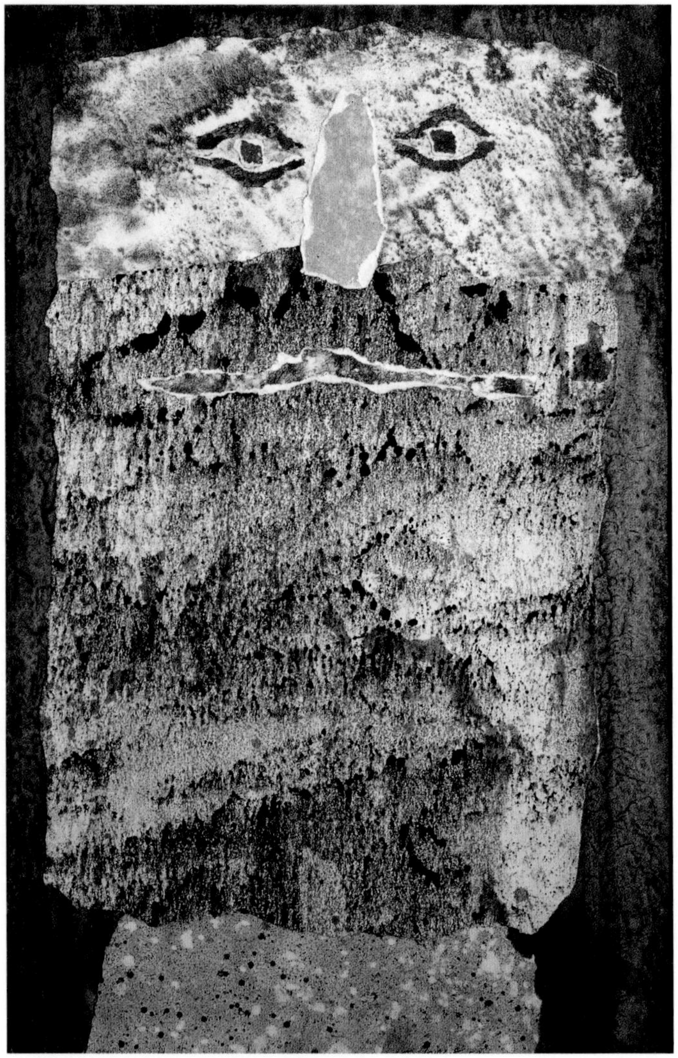

Assemblage d'empreintes (encre de Chine), 51 x 34 cm, collection Landeau

L'Âne égaré

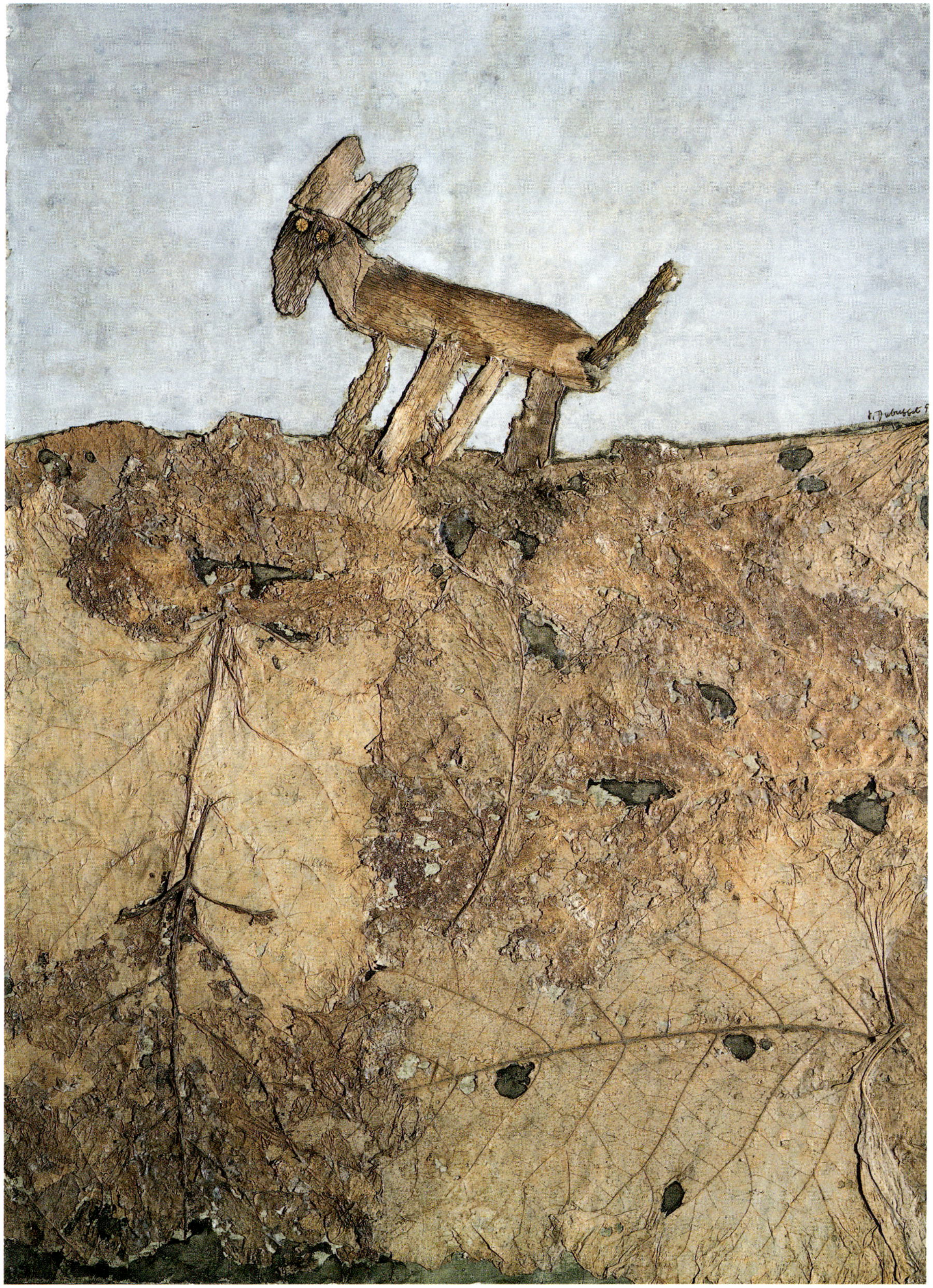

Éléments botaniques, 68 x 51 cm, Musée des arts décoratifs, Paris

« Je rapportais de mes promenades dans la campagne toutes espèces d'éléments – botaniques pour la plupart – à déposer sur mes plaques. J'ai même une fois fait transporter un grand et lourd portail d'étable, vieux, en mauvais pin de pays, travaillé par la morsure du soleil et des pluies. » (*Prospectus et tous écrits suivants*, t. II, *op. cit.*, p. 143).

1959
L'Âme des sous-sols

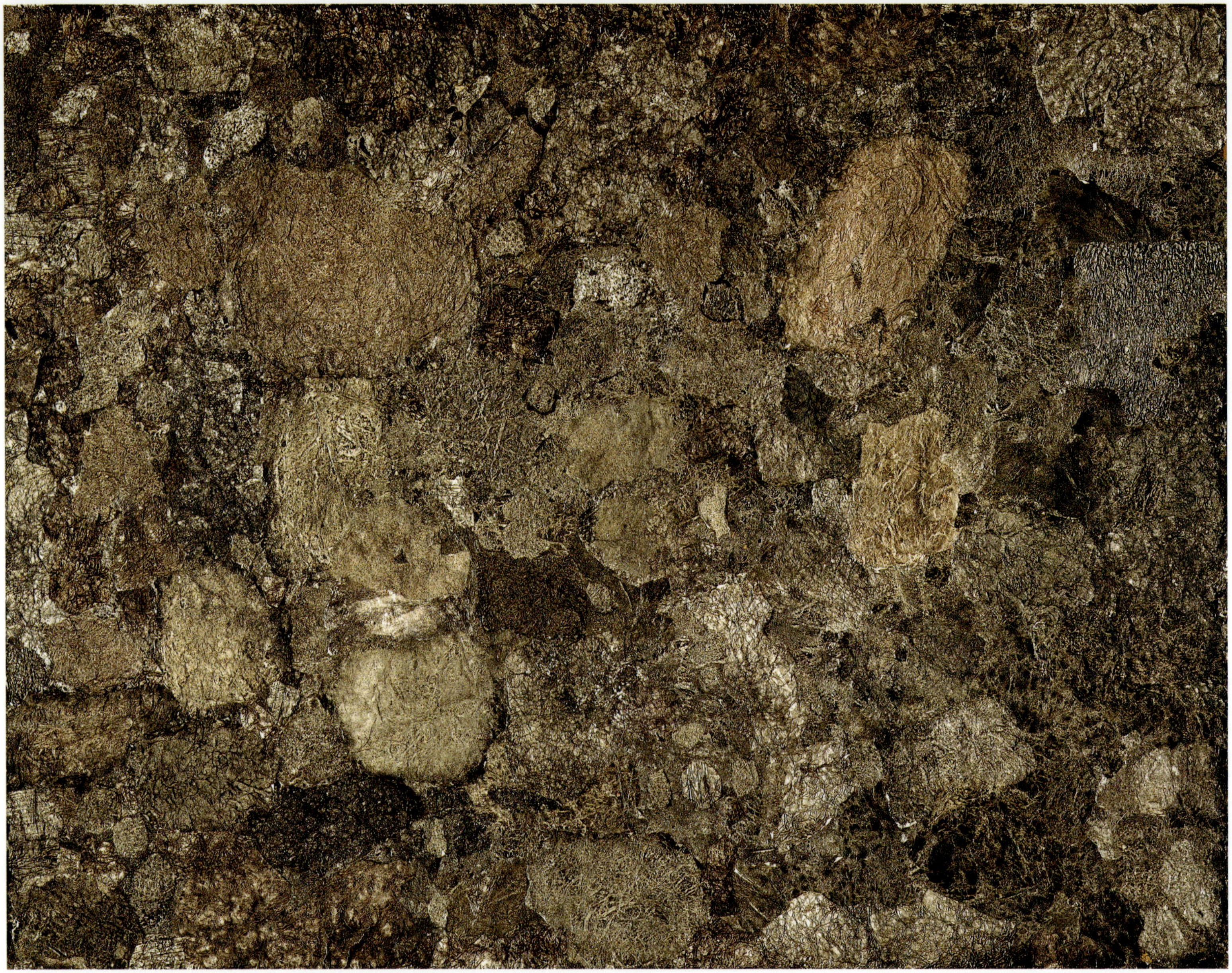

Papier d'argent, 150 x 196 cm, The Museum of Modern Art, New York, Mary Sisler Bequest, 1990

Matério

Messe de terre

1959 – 1960

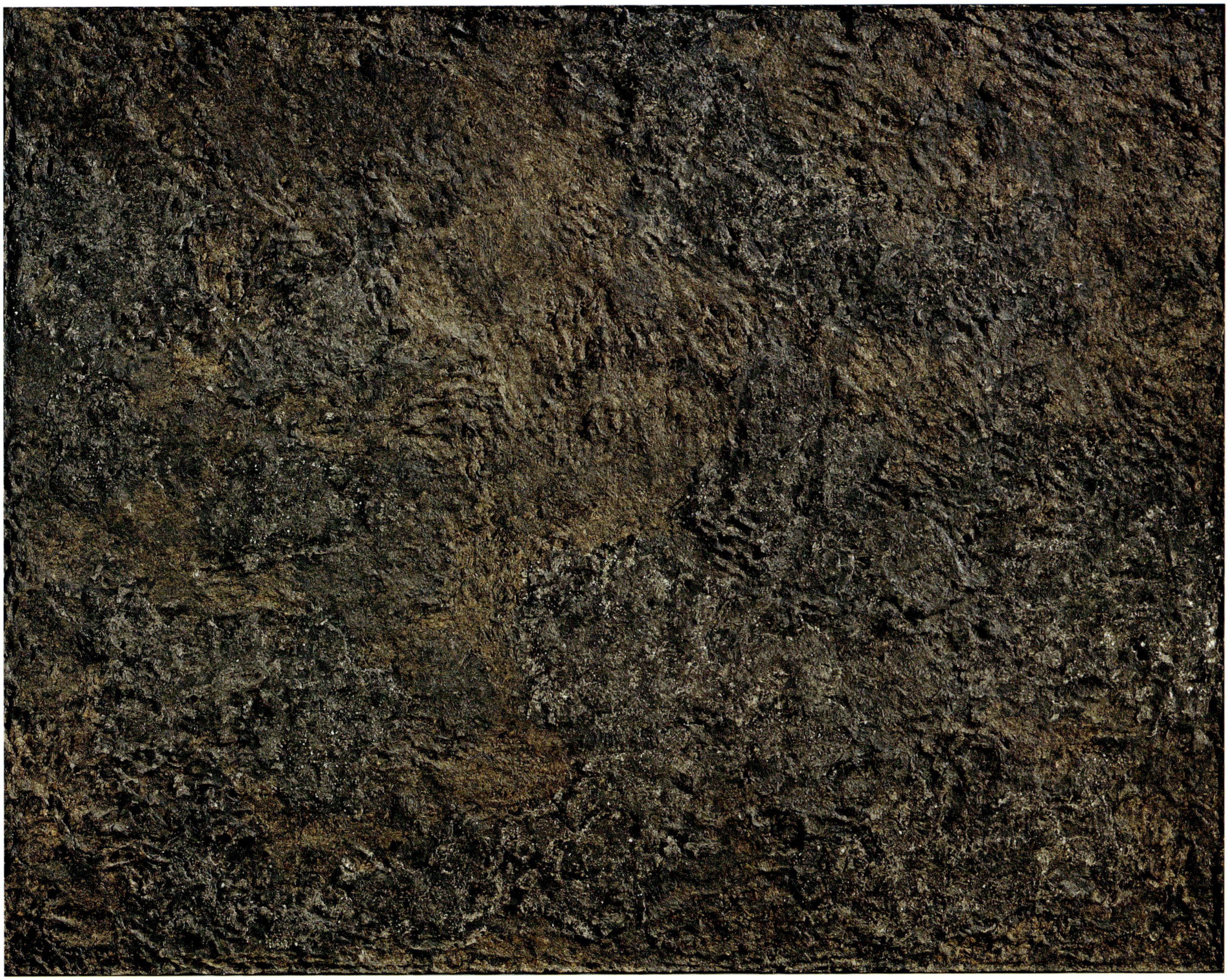

Papier mâché, 150 x 195 cm, Centre Pompidou / Musée national d'art moderne, Paris, donation Daniel Cordier, 1977, en dépôt aux « Abattoirs », Toulouse

logies

« Tout ce qui est exceptionnel rigoureusement banni de mon registre ! C'est de banalité que je suis avide. La chaussée la plus dénuée de tout accident et de toute particularité, n'importe quel plancher sale ou terre nue poussiéreuse, auxquels nul n'aurait l'idée de porter son regard – délibérément du moins – (encore moins de les peindre) – sont pour moi nappes d'ivresse et de jubilation. Les gens ne savent pas assez comme on peut s'enivrer avec n'importe quoi. C'est affaire de dose et de mode d'emploi » (*Prospectus et tous écrits suivants*, t. II, *op. cit.*, p. 155).

Paris

« Je me vis saisi à Paris d'une aspiration inverse à revenir aux fêtes urbaines de la rue, dont j'avais, depuis grand nombre d'années, de dérive en dérive, interrompu ma célébration. Dont il résulta pour mes peintures un brusque renouvellement, non seulement dans leurs thèmes – devenus les autobus, les défilés de piétons et de voitures, les vitrines de boutiques ou les grands magasins – mais aussi dans leur coloris, où réapparurent les couleurs bariolées » (Biographie au pas de course, dans *Prospectus et tous écrits suivants*, Paris, Gallimard, 1995, t. IV, p. 508).

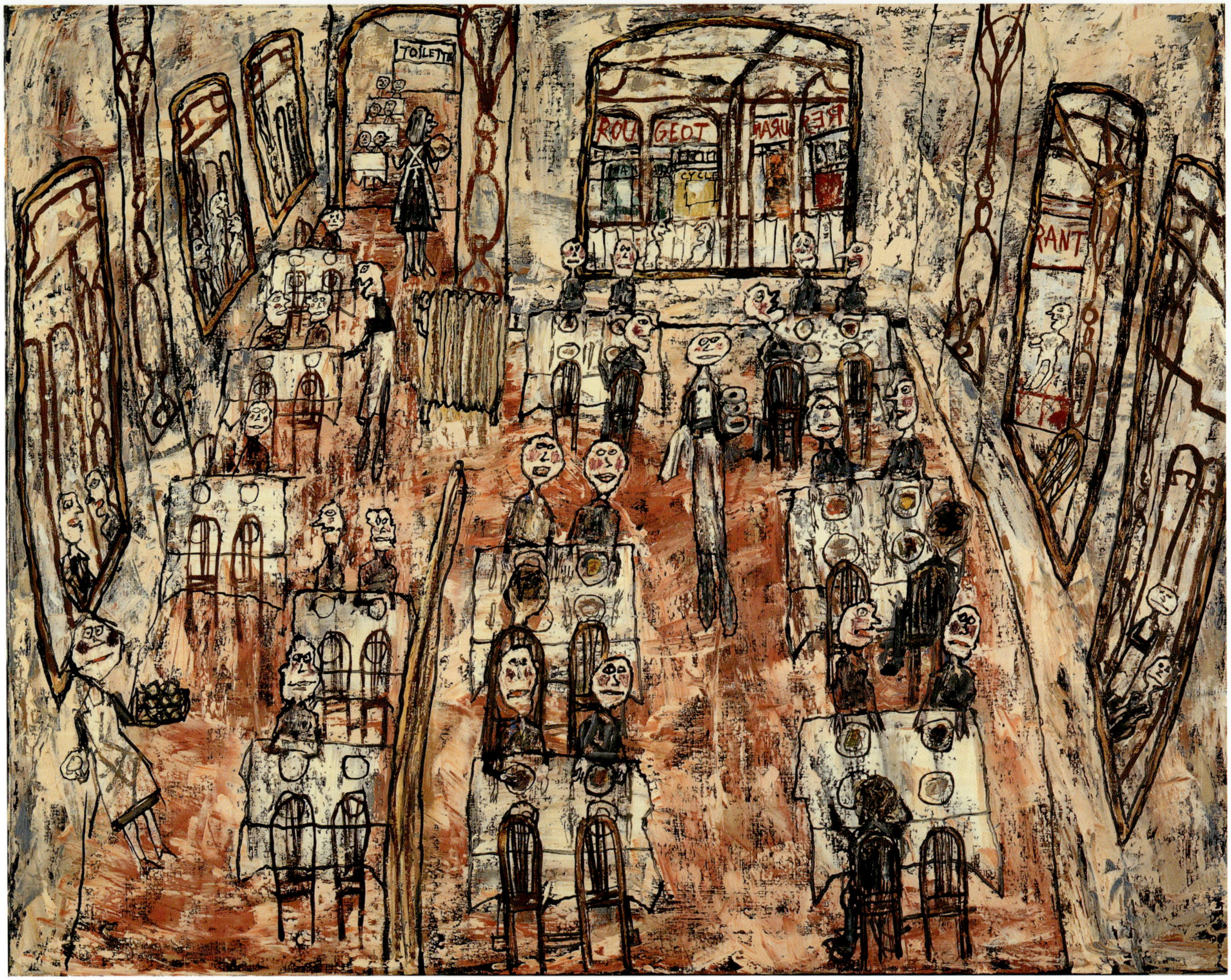

Huile sur toile, 89 x 116 cm, collection Fondation Dubuffet, Paris

Restaurant Rougeot I

1961

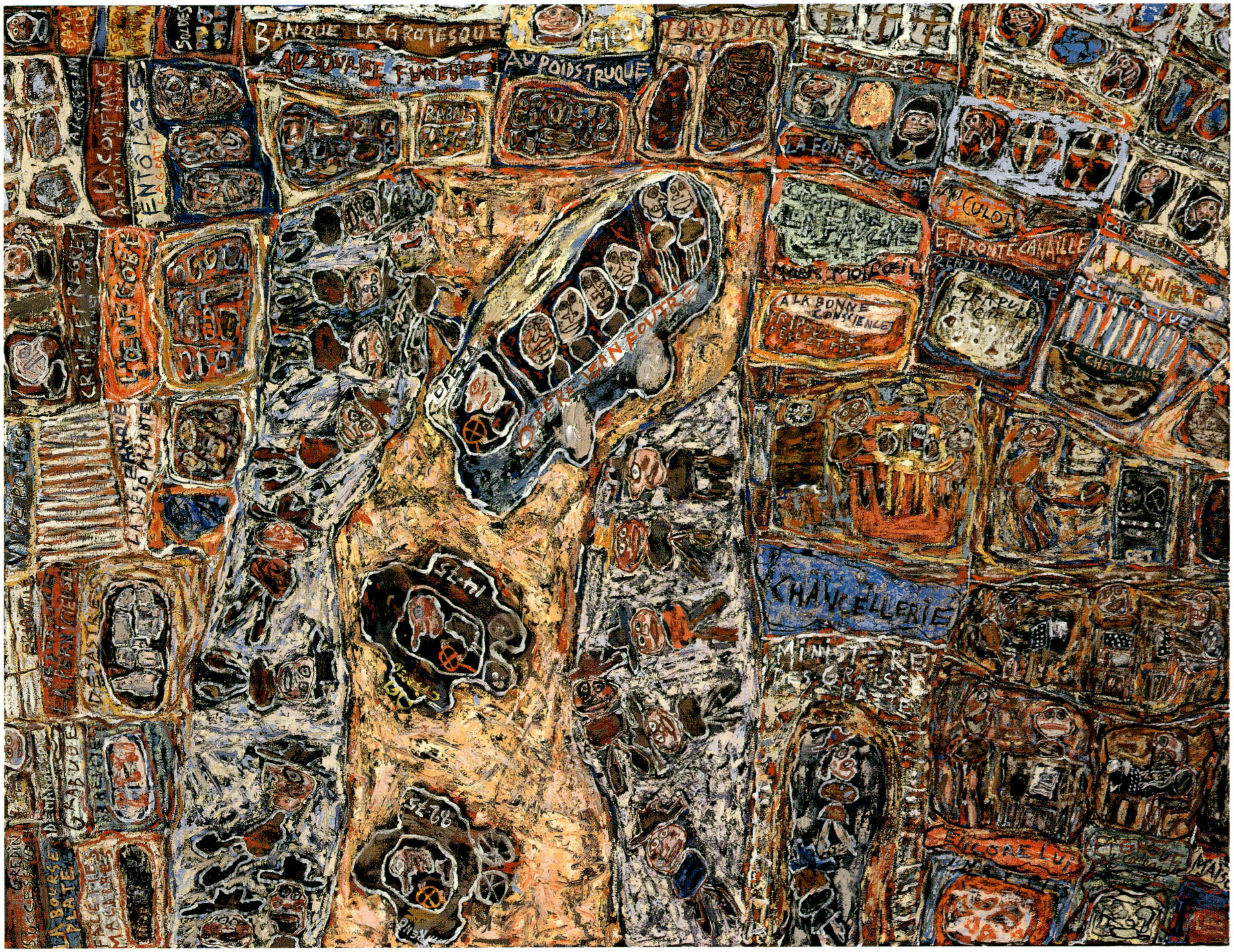

Huile sur toile, 165 x 220 cm, The Museum of Modern Art, New York, Mrs Simon Guggenheim Fund, 1962

Le Commerce prospère

1961

La Gigue Irlandaise
1961

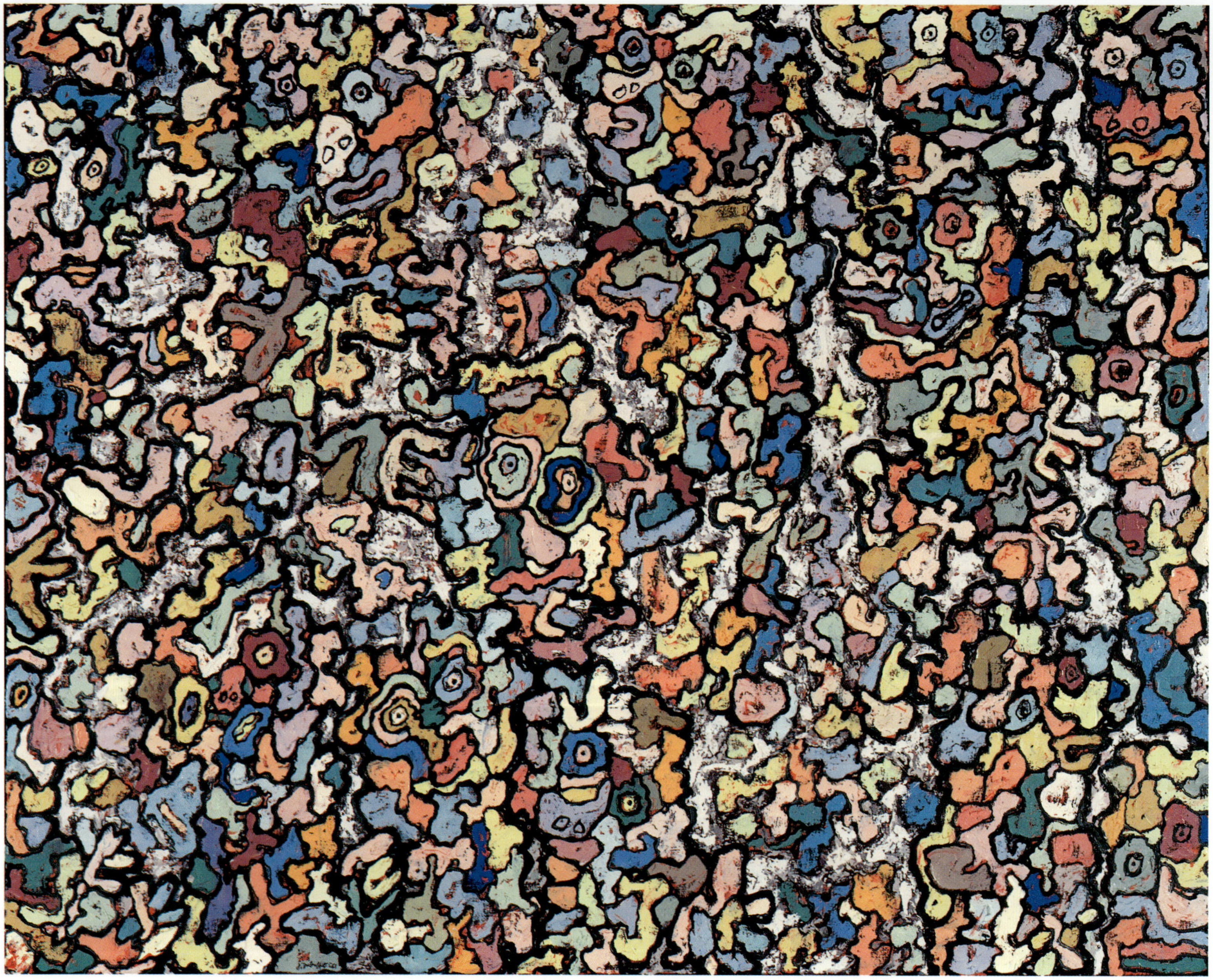

Huile sur toile, 114 x 146 cm, Centre Pompidou / Musée national d'art moderne, Paris, dation, 1986

Paris Circus

L'Hourloupe

« L'année 1962 fut celle où prit naissance une orientation toute nouvelle de mon art, dont allait résulter un cycle nouveau qui devait, sous le nom de *L'Hourloupe*, durer douze ans. Il allait se développer, dans les années suivantes, en nombreuses peintures, dont certains prirent de grandes dimensions, puis en sculptures peintes, qui s'agrandirent aussi jusqu'à devenir pour finir des monuments et édifices. Ce cycle était marqué par un caractère beaucoup plus gravement arbitraire et irrationnel que tous les travaux faits antérieurement. Un plongeon dans le fantasme, dans un fantomatique univers parallèle » (Biographie au pas de course, art.cité,.p. 509-510).

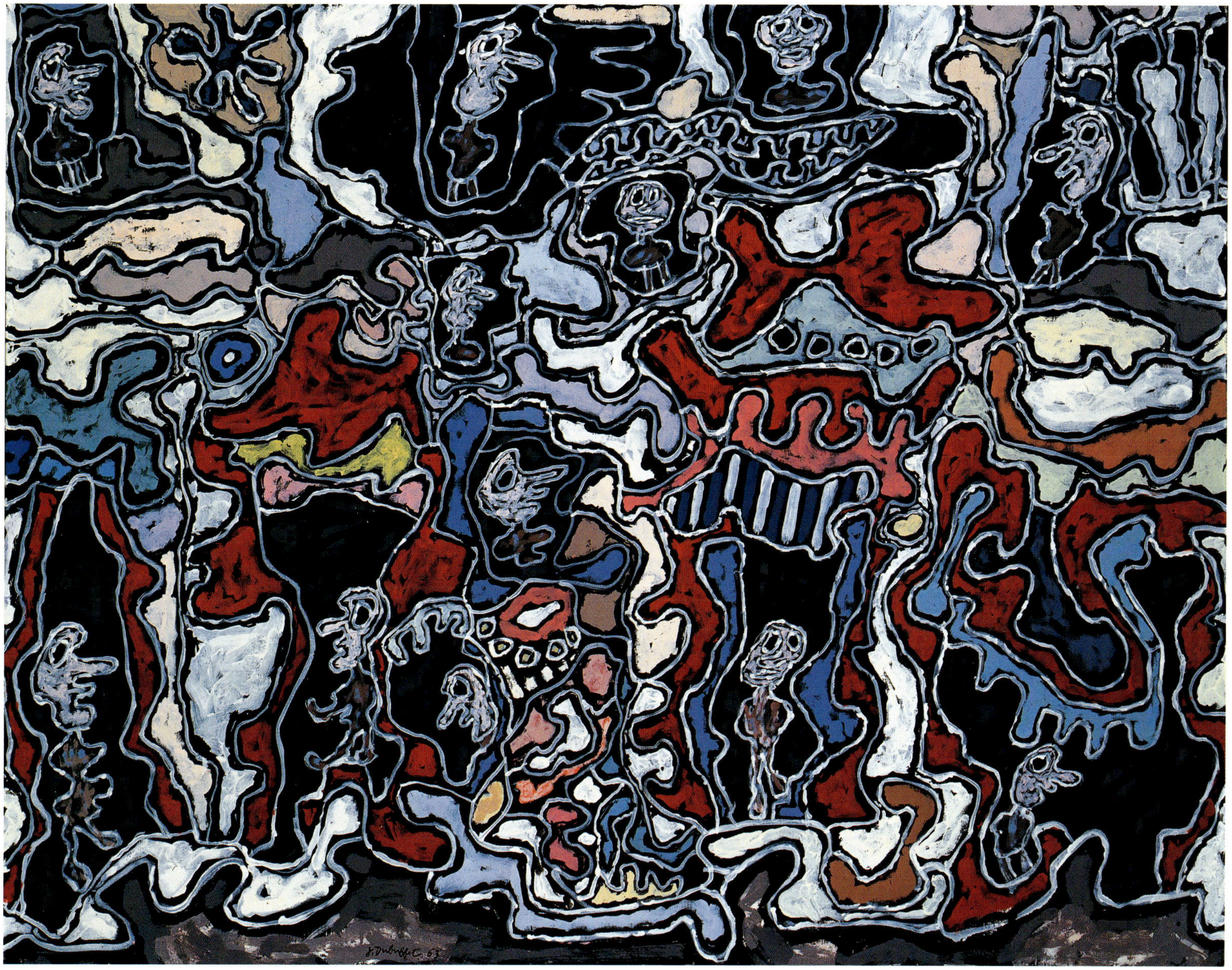

Huile sur toile, 89 x 116 cm, collection Julie et Edward J. Minskoff

1963

Rue de L'Entourloupe

L'Hourloupe

« Le mot "Hourloupe" [...] Je l'associais, par assonance, à "hurler", "hululer", "loup", "Riquet à la Houppe" et le titre "Le Horla" du livre de Maupassant inspiré d'égarement mental » (Biographie au pas de course, art. cité, p. 510).

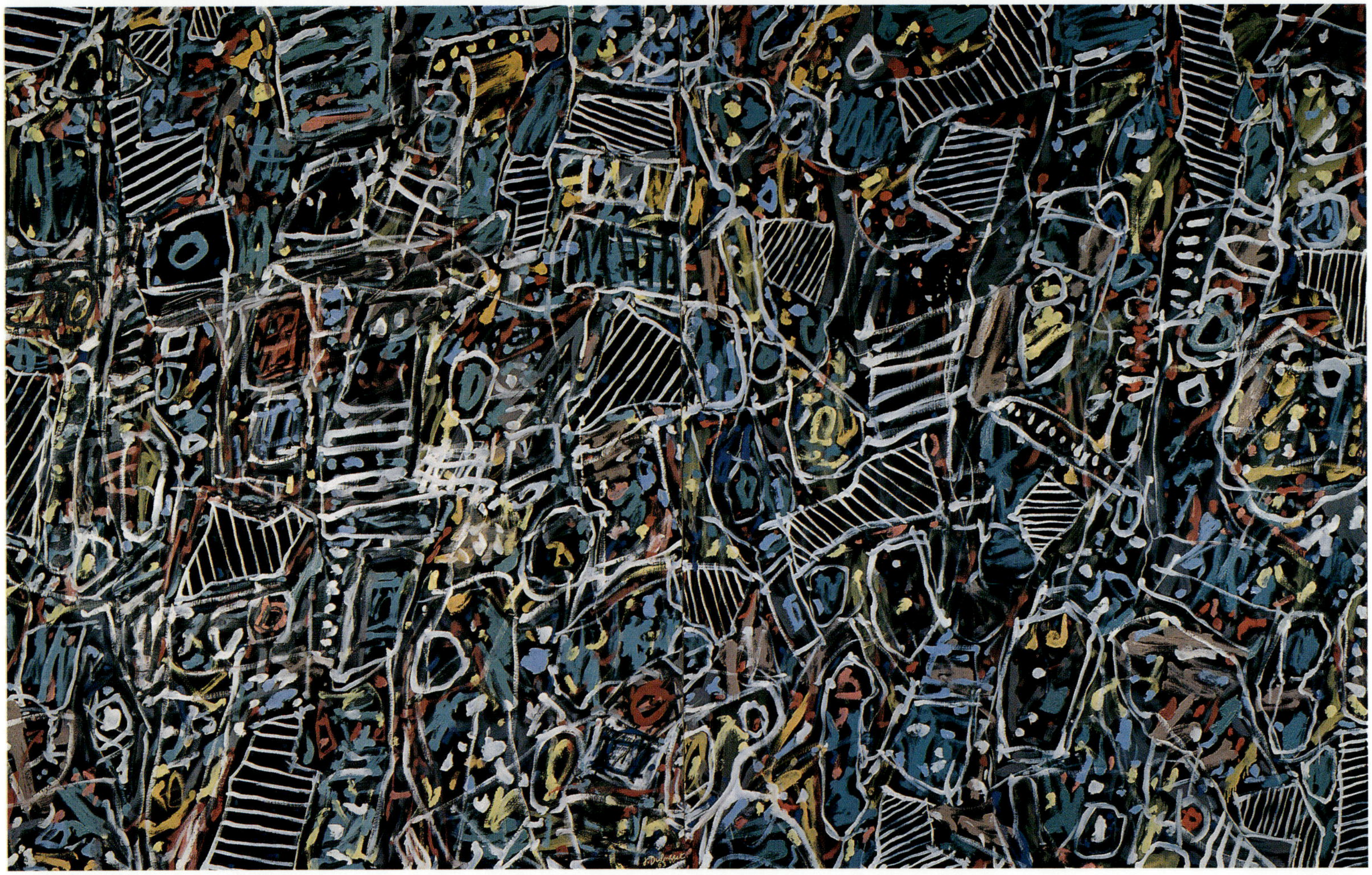

Huile sur toile, 162 x 260 cm, Musée des Beaux-Arts et de la dentelle, Calais

Paysage du Pas de Calais II

1963

1963

Banque des équivoques

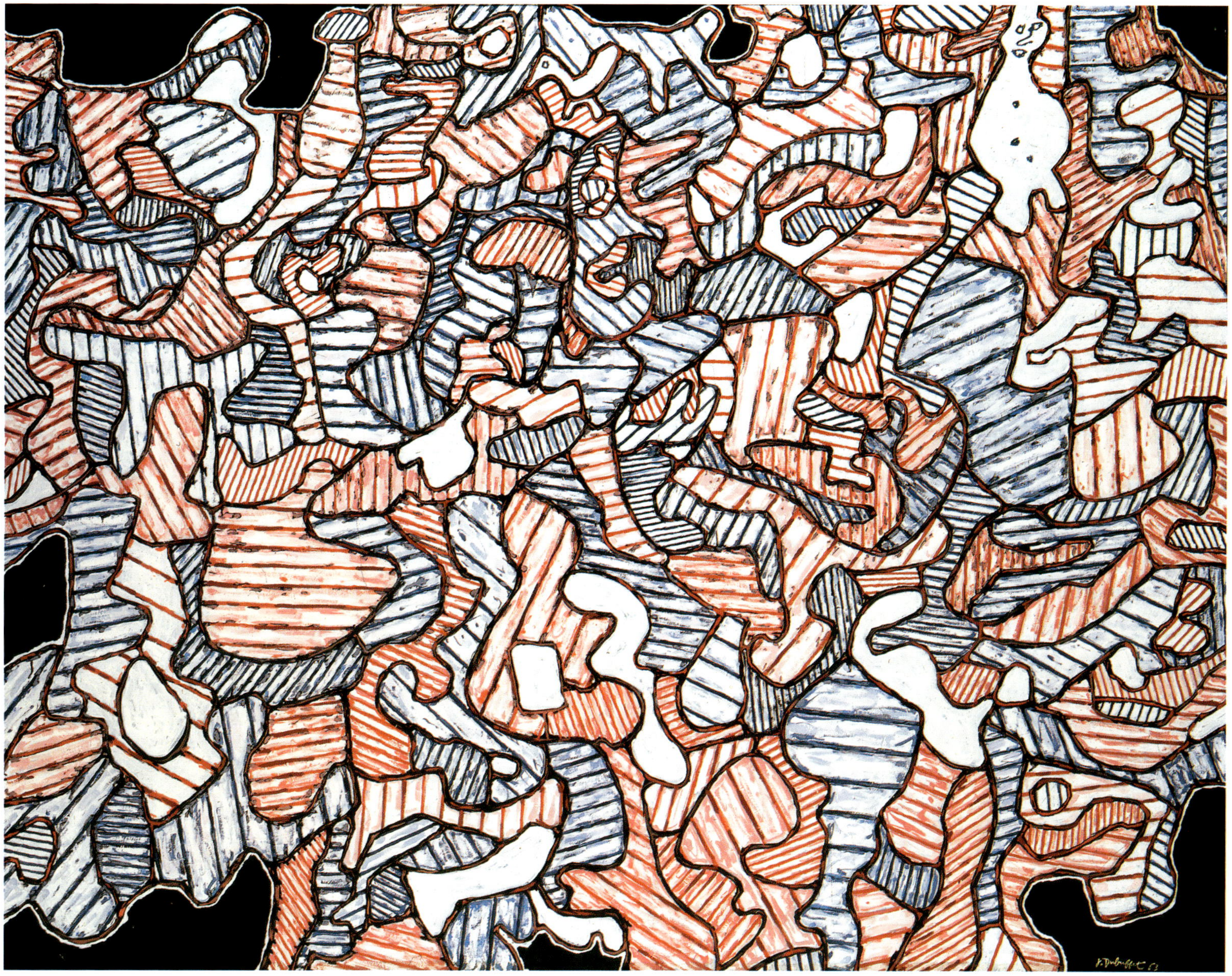

Huile sur toile, 150 x 195 cm, Musée des arts décoratifs, Paris

Le Train de pendules 1965

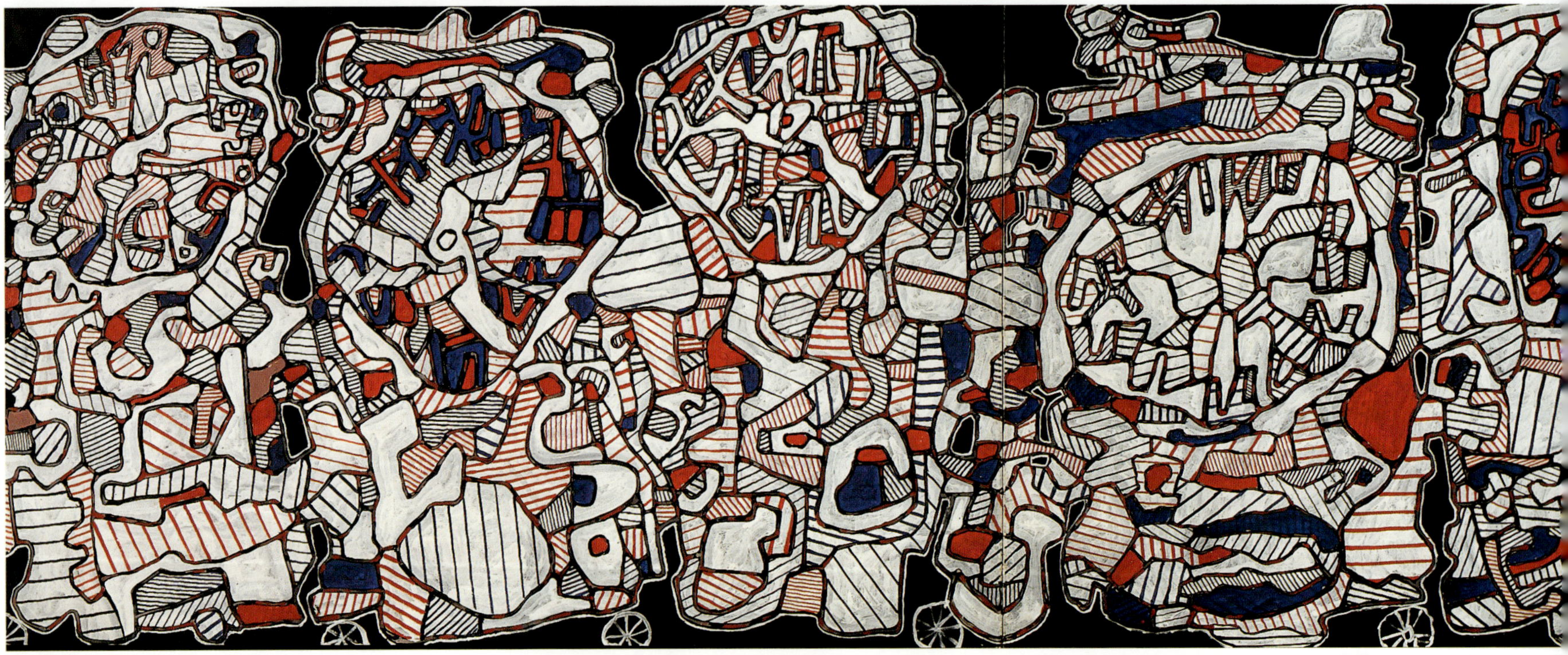

Vinyle sur papier entoilé, 125 x 400 cm, tableau composé de deux toiles de 125 x 200 cm chacune, attachées par des charnières, Centre Pompidou / Musée National d'art moderne, Paris, achat de l'État, 1965, attribution, 1976

L'Hourloupe

« Mes travaux procédant de ce cycle mettent en œuvre des graphismes sinueux répondant avec immédiateté à des impulsions spontanées et, pour ainsi dire, non contrôlées, de la main qui les trace. Dans ces graphismes s'amorcent des figurations incertaines, fugaces, ambiguës. Leur mouvement déclenche dans l'esprit de qui se trouve en leur présence une suractivation de la faculté de visionner dans leurs lacis toutes sortes d'objets qui se font et se défont à mesure que le regard se transporte, liant ainsi intimement le transitoire et le permanent, le réel et le fallacieux » (*Prospectus et tous écrits suivants*, t. III, *op. cit.*, p. 362).

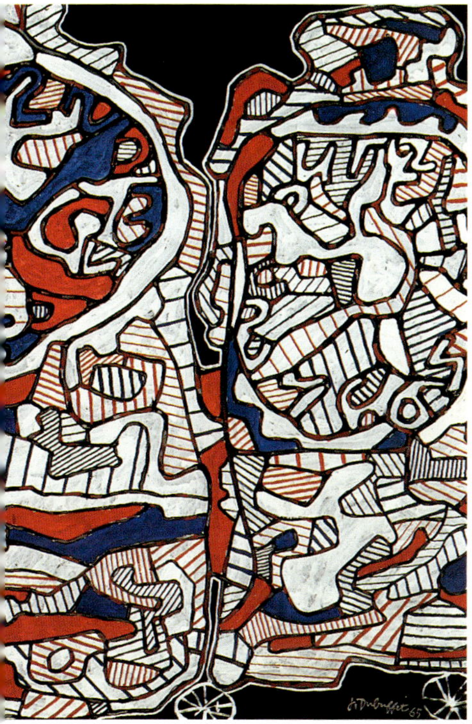

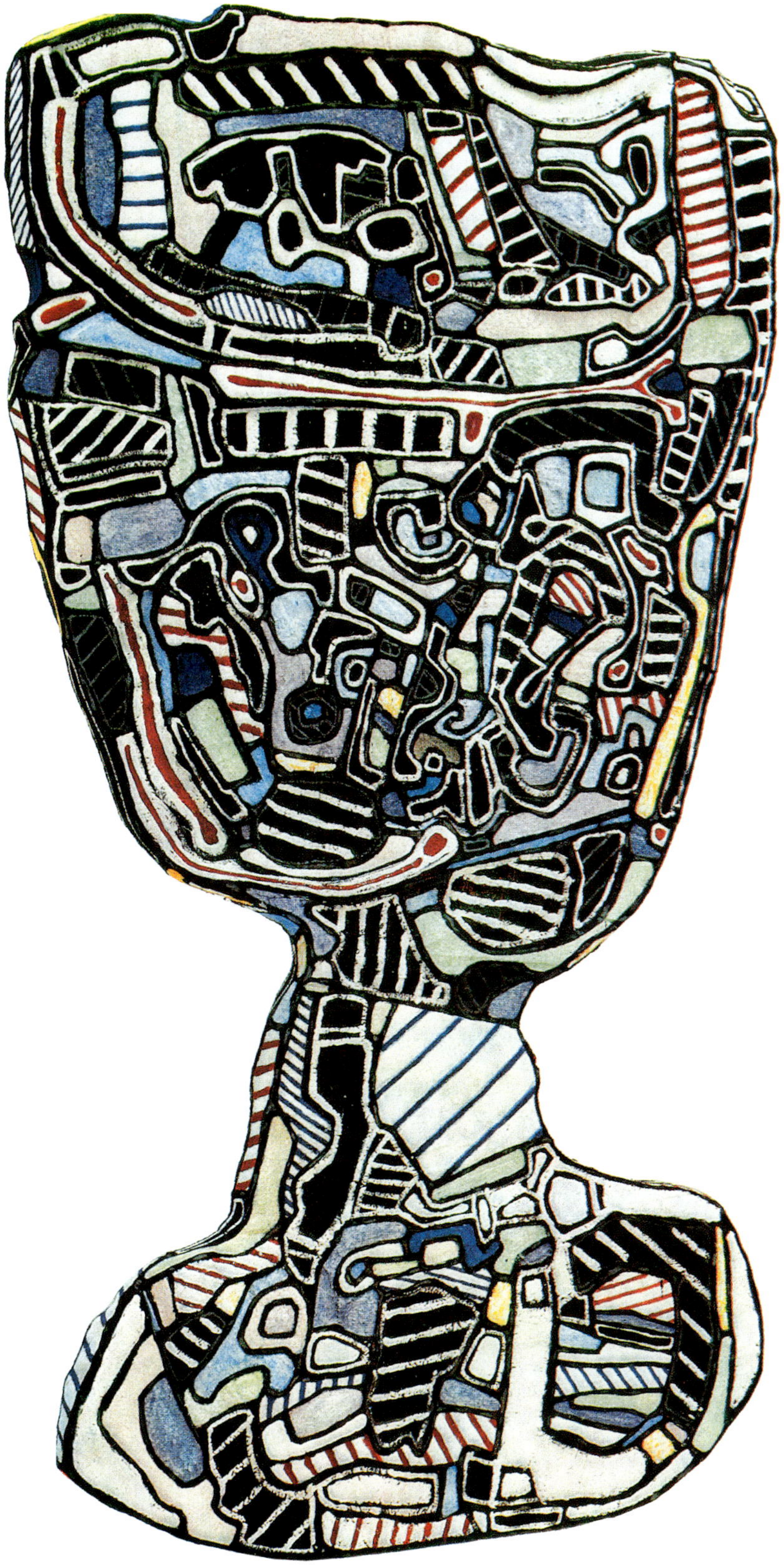

Transfert sur polyester, H. 200, L.121, P.10 cm, courtesy galerie Jeanne-Bucher, Paris

1966

Le Verre d'eau I

1968
Table porteuse d'instances, d'objets et de projets

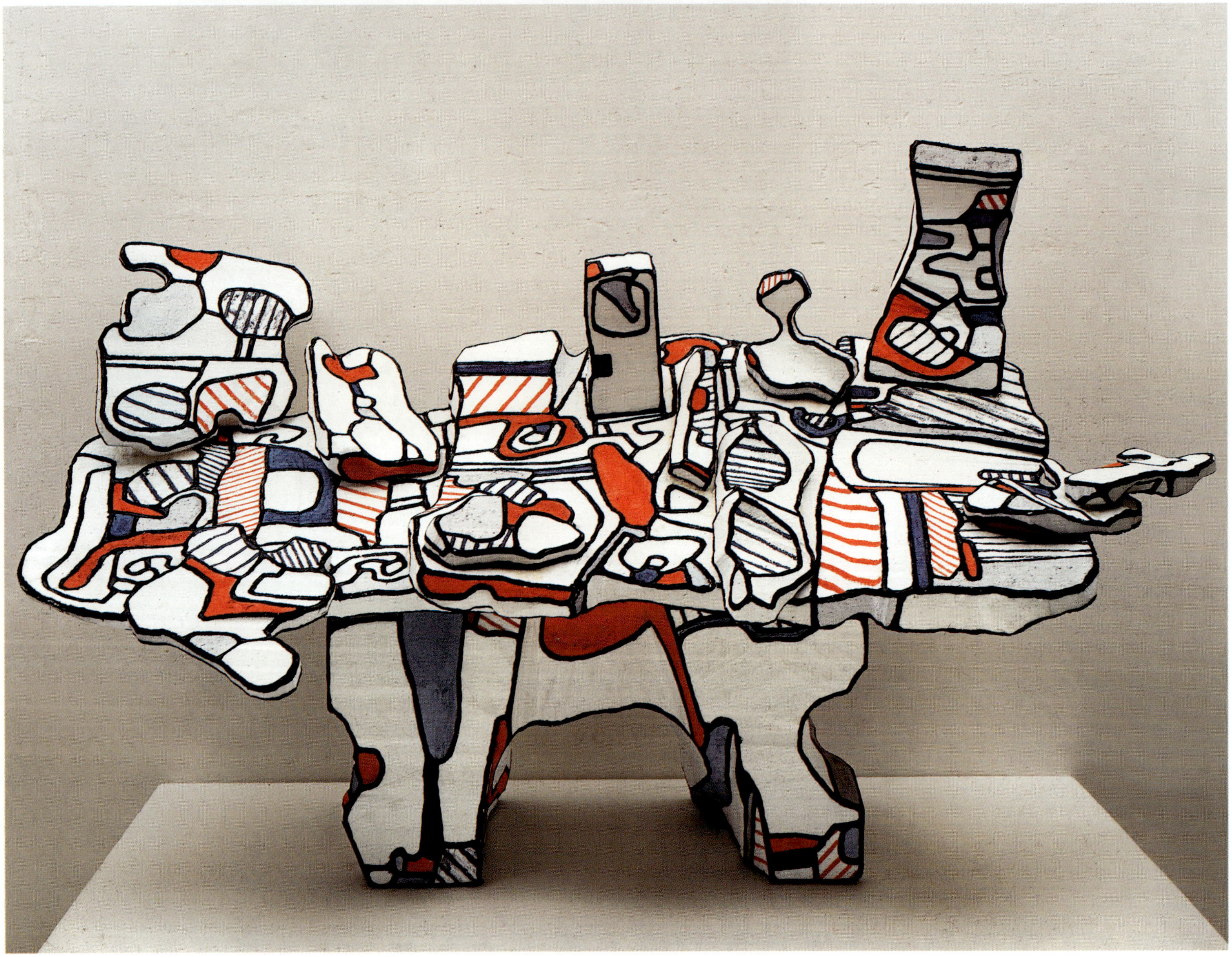

Transfert sur polyester, H.134, L.222, P.100 cm, collection Fondation Dubuffet, Paris

L'Hourloupe

« Ces travaux dans leur début recouraient seulement à des dessins et peintures. Il est advenu que j'ai ensuite éprouvé le désir de leur donner plus de corporalité. J'ai entrepris de les associer à des formes tridimensionnelles et offrant donc au regard, comme tout solide, plusieurs côtés. Il en est résulté des objets de statut équivoque. On les a désignés sous le terme de sculptures peintes mais cette expression est un peu erronée. C'est plutôt de dessins s'élançant et s'expansant dans l'espace qu'il faut parler » (*Prospectus et tous écrits suivants*, t. III, *op. cit.*, p. 362-363).

1970
Le Deviseur II

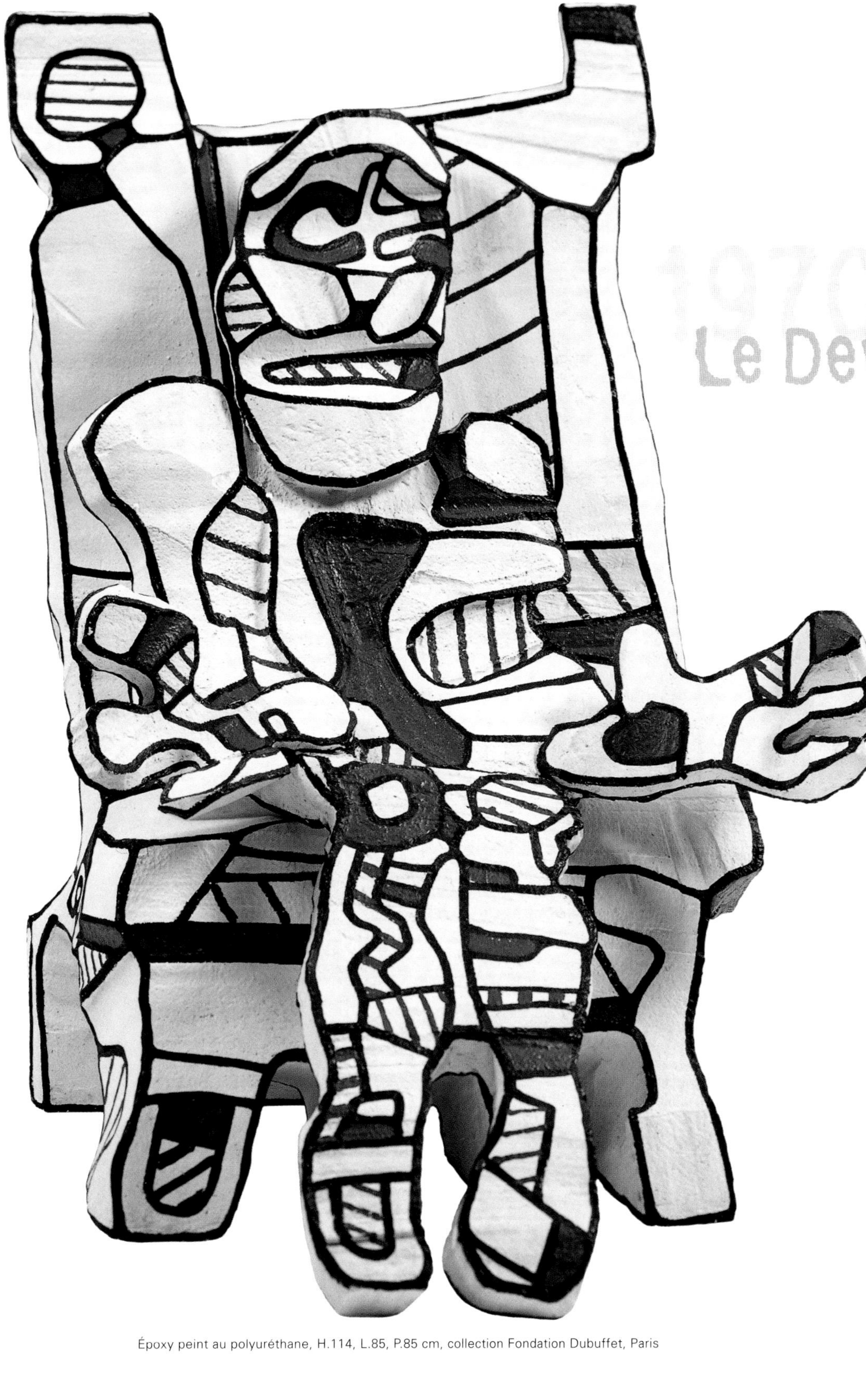

Époxy peint au polyuréthane, H.114, L.85, P.85 cm, collection Fondation Dubuffet, Paris

L'Hourlou

« À partir d'un dessin, pure création de l'esprit, expanser ce dessin dans l'espace en lui donnant trois dimensions, lui conférer par là un corps matériel, puis l'agrandir aux proportions d'un site dans lequel on puisse évoluer, et obtenir par là qu'au lieu de tenir seulement le dessin devant les yeux tout en demeurant soi-même dans le monde quotidien, on puisse enfin quitter ce dernier, pénétrer dans le dessin, et donc habiter la création de l'esprit au lieu de seulement la regarder prudemment dans un cadre au mur » (*Prospectus et tous écrits suivants*, t. III, *op. cit.*, p. 359-360).

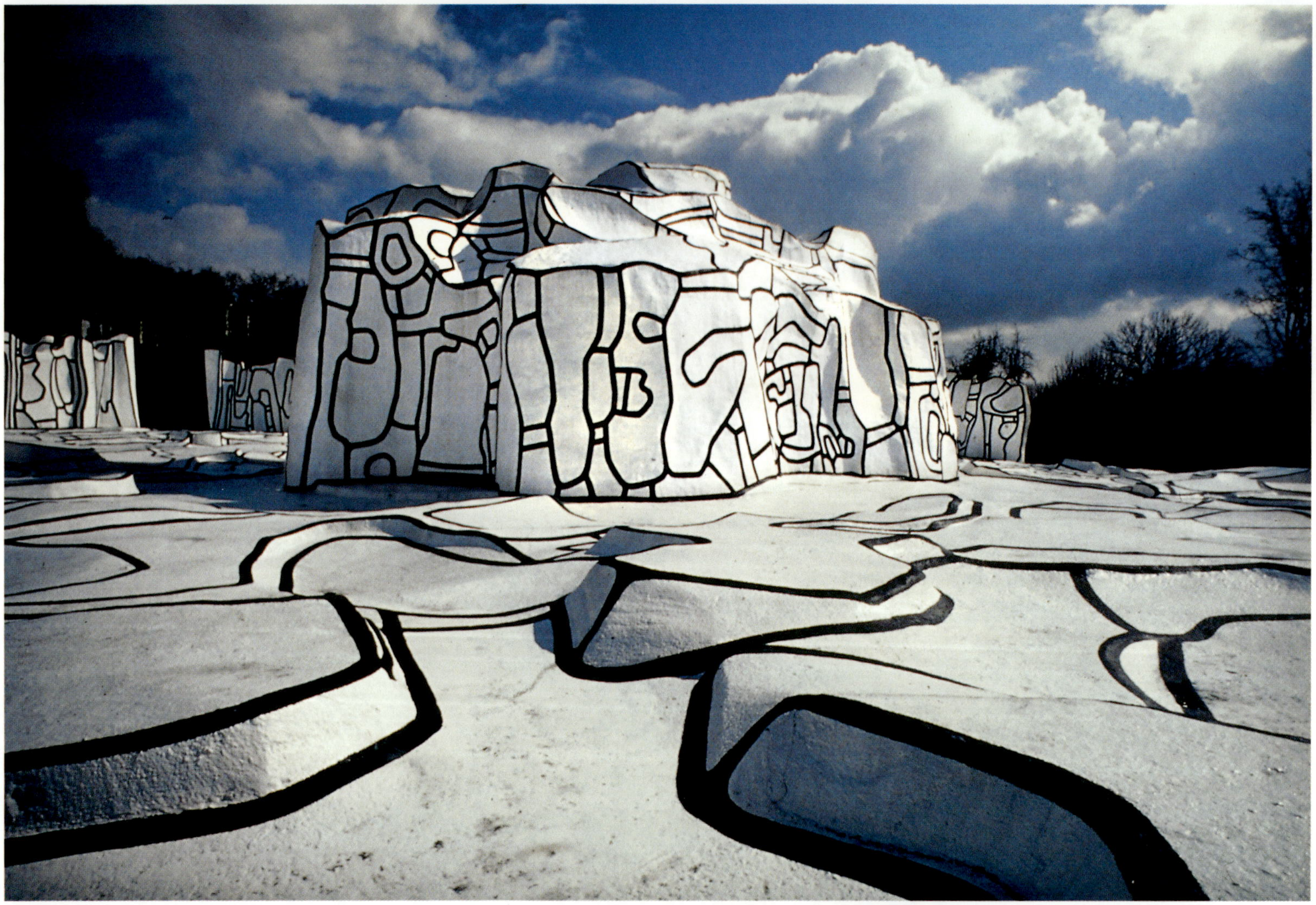

Epoxy et béton projeté peints au polyuréthane, superficie 1610 m², collection Fondation Dubuffet, Périgny-sur-Yerres

1971-1973

La Closerie Falbala

Salon d'été 1974

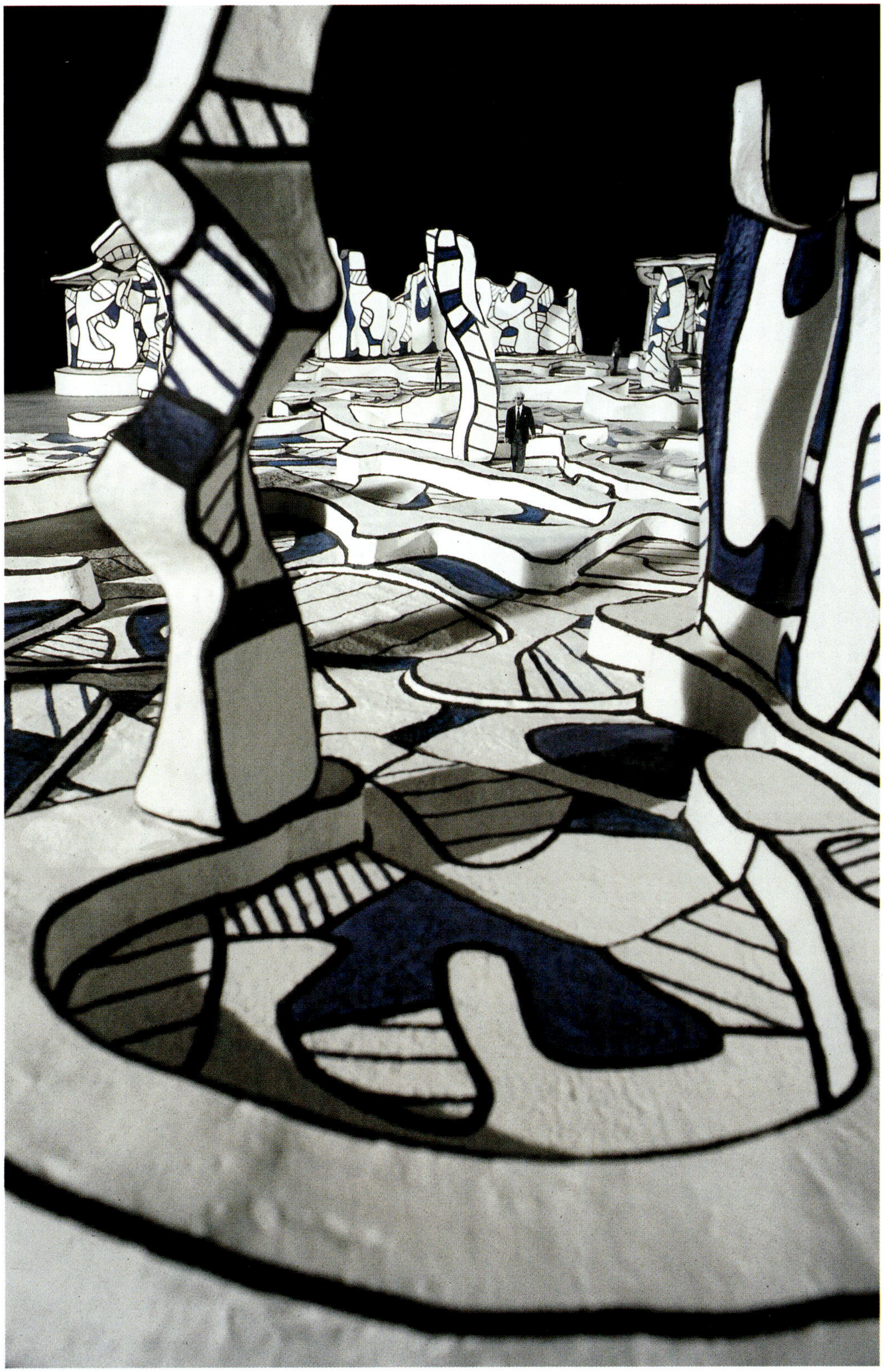

Époxy peint au polyuréthane, 565 x 474 cm, maquette au 1/10 du *Salon d'été* pour la régie Renault, collection Fondation Dubuffet, Paris

Coucou Bazar 1973

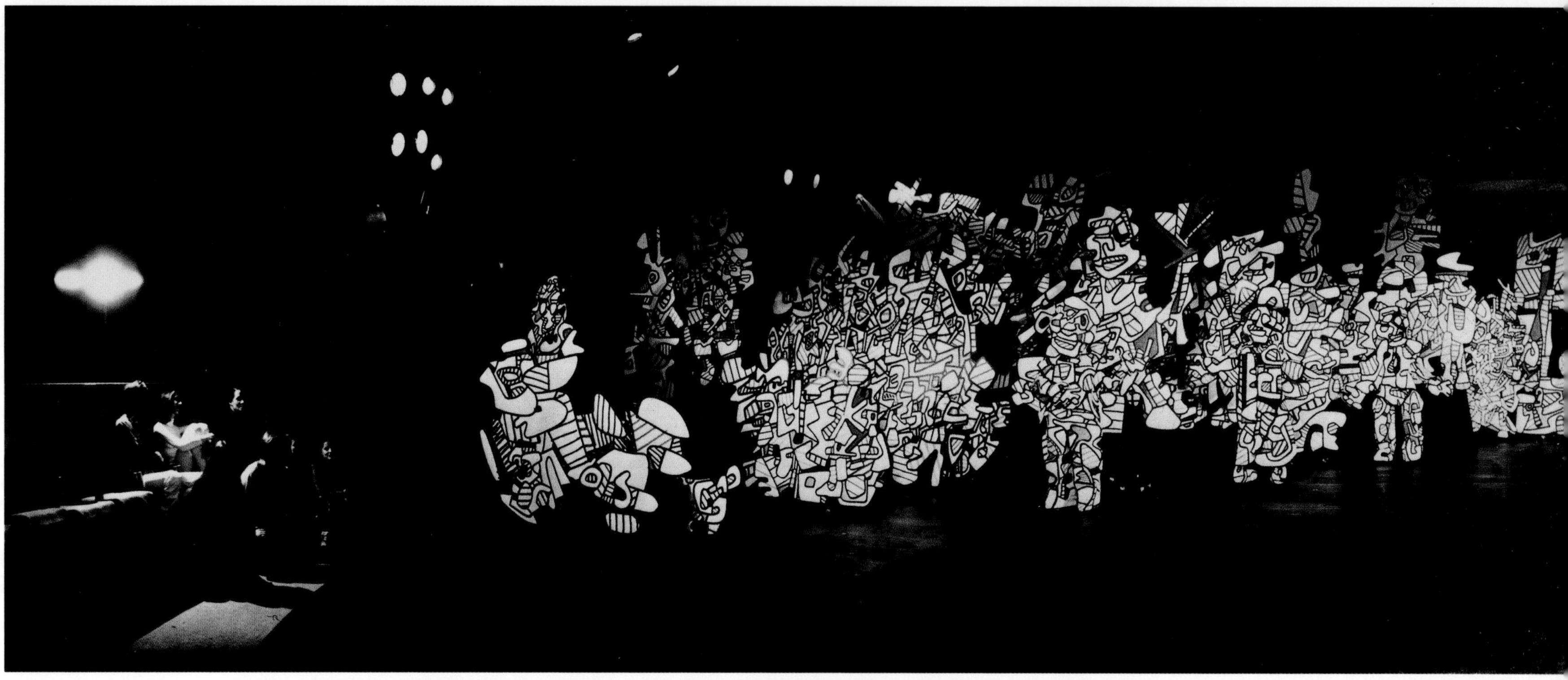

Répétitions, avril 1973, auditorium du Solomon R. Guggenheim Museum, New York

Hourloupe

« Il y a une clef constante à tout le cycle de L'Hourloupe et qui se manifeste aussi bien dans les réalisations à caractère monumental que dans celle à caractère théâtral de *Coucou Bazar*. C'est la présence d'un univers continu et indifférencié dans lequel les objets et les figures ne sont pas, comme ils le sont dans l'art classique, bien précisément individués et bien distincts du vide qui les entoure. [...] Y règne l'idée d'une vie potentielle diffusée indifféremment en tout lieu que ce soit, avec la possibilité constante partout d'apparitions momentanées, d'objets ou de figures dont l'existence est incertaine, des projections mentales dont le bien-fondé est douteux » (*Prospectus et tous écrits suivants*, t. III, *op. cit.*, p. 395).

« Sans doute fera-t-on reproche à mon spectacle de se situer hors catégories. [...] Il a pour auteur un peintre, et non un dramaturge ni un chorégraphe ; la peinture est sa seule source ; il est comme un développement de la peinture, une animation de celle-ci. Il est comme un tableau qui cesserait d'être seulement une image à regarder, mais qui prendrait réelle existence et vous accueillerait en son dedans » (*Catalogue des travaux de Jean Dubuffet*, Lausanne, Weber, 1976, fasc. XXVII, p. 217).

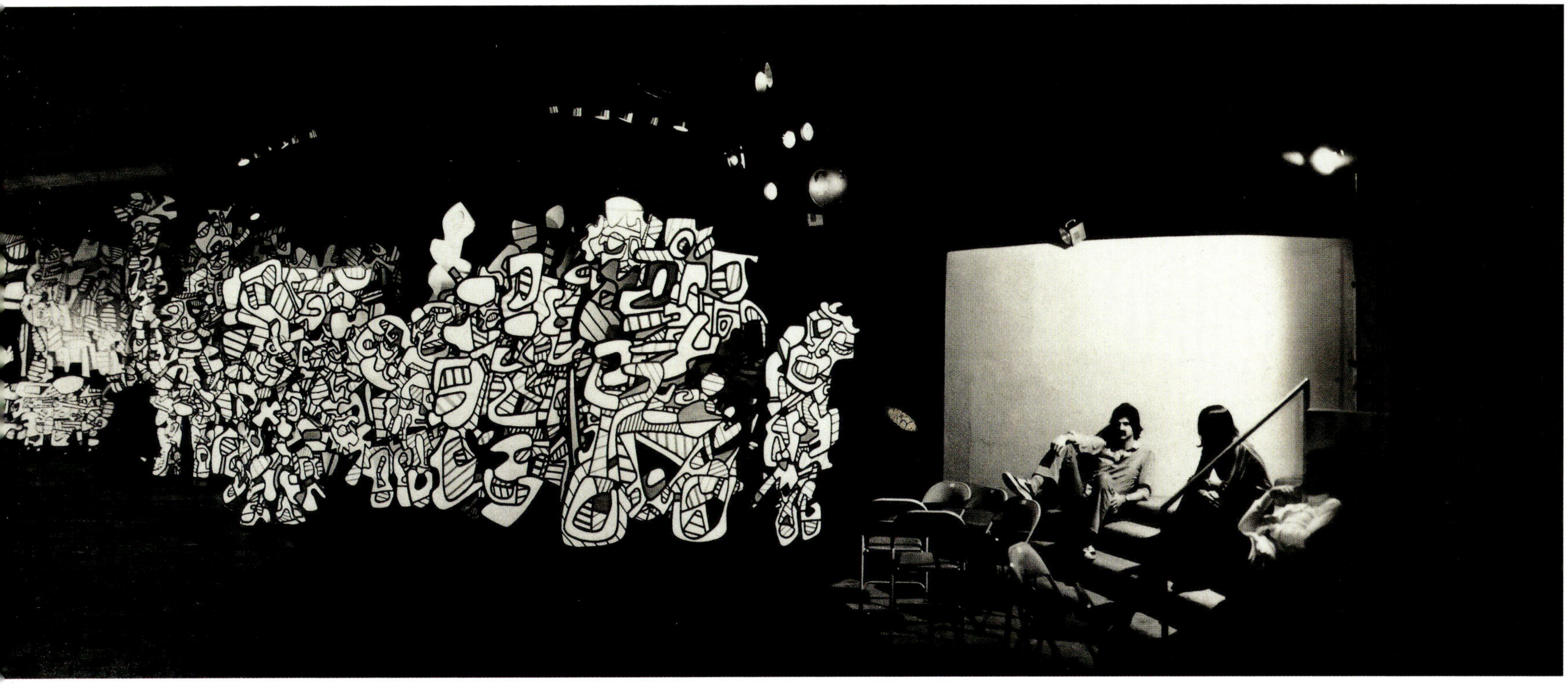

Portrait de femme à la campagne
1974

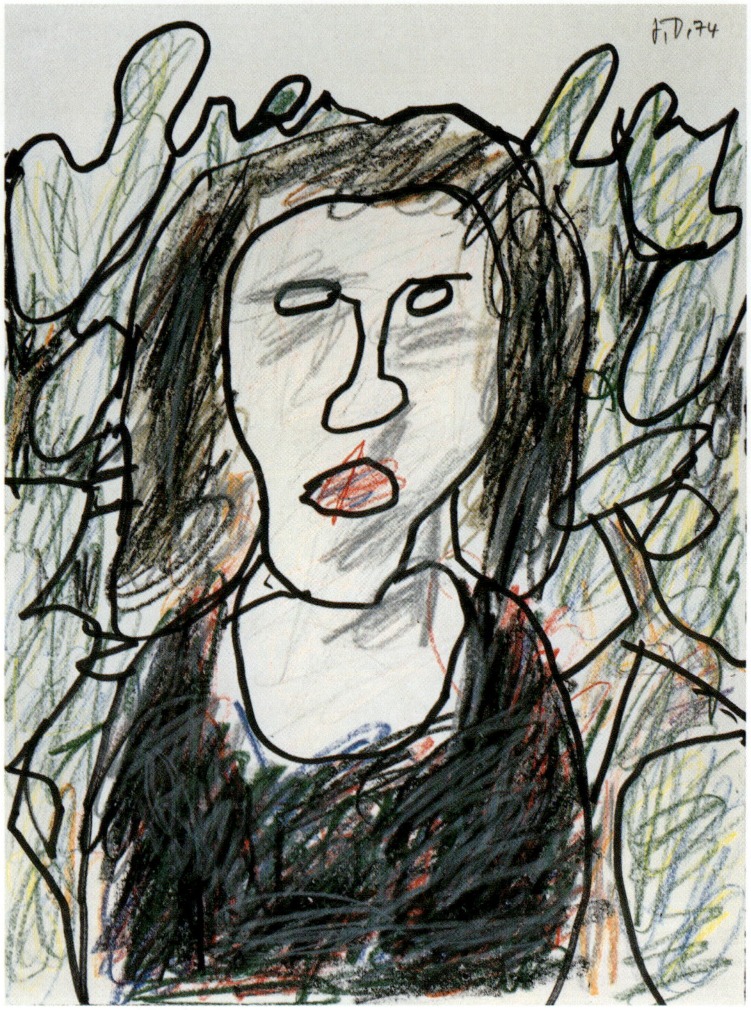

Crayons de couleur et stylofeutre R 101, 32,5 x 25 cm,
Centre Pompidou / Musée national d'art moderne, achat, 1983

Crayonnages

« S'ajoute aussi qu'après tel long séjour en une île lointaine (je pense à celle de L'Hourloupe) ne peut manquer d'apparaître un désir de tout remettre au point zéro et d'y reprendre un nouveau départ en vue de découvrir maintenant une autre île. Même s'il en coûte de quitter des lieux longtemps habités et si l'adieu est éprouvant » (*Catalogue des travaux de Jean Dubuffet*, Paris, Les Éditions de Minuit, 1979, fasc. XXIX, p. 7).

Site boisé sauvage
1974

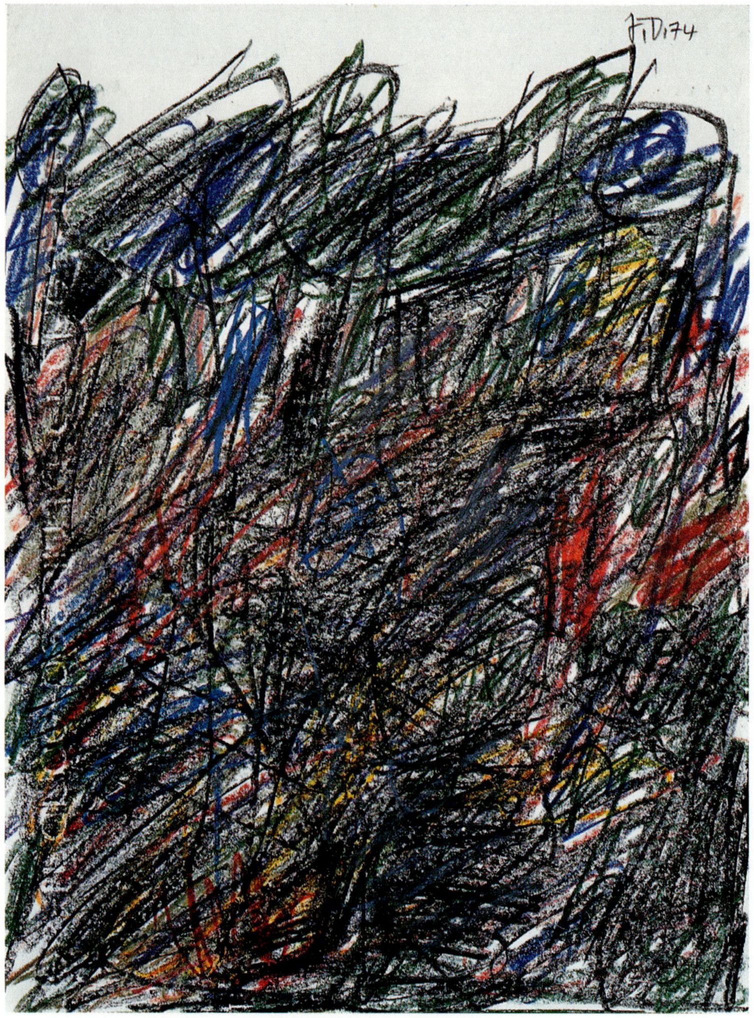

Crayons de couleur et stylofeutre R 128, 32,5 x 25 cm, collection Fondation Dubuffet, Paris

1976 Vacances de Pâques

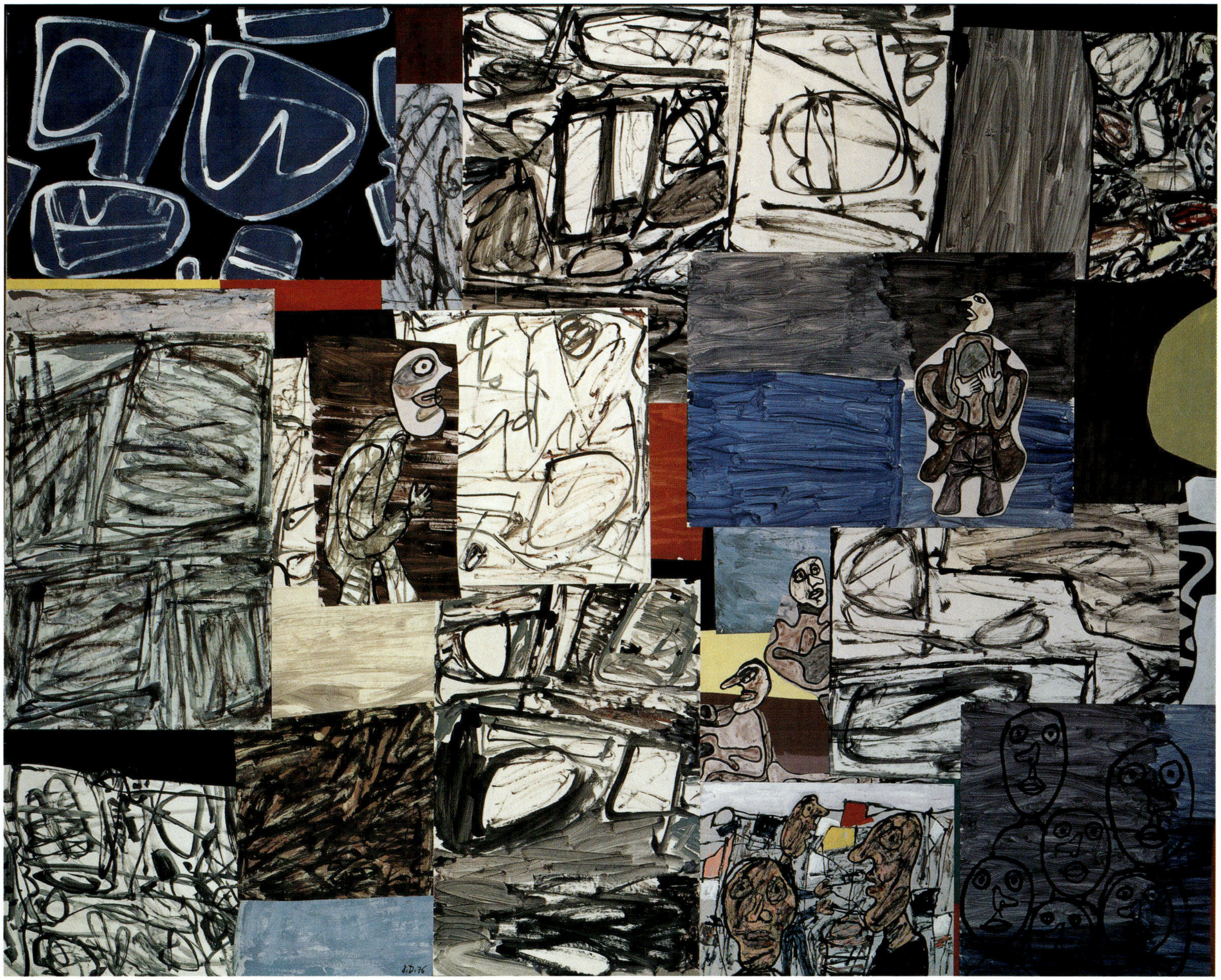

Acryle sur papier entoilé (avec 45 pièces rapportées collées), 249 x 319 cm, collection Fondation Dubuffet, Paris

Théâtres de mémoire

« Ces *Théâtres de mémoire* visent à figurer – ou plutôt à évoquer – cette forme cacophonique dans laquelle nos perceptions et nos souvenirs surgissent pêle-mêle dans le théâtre de notre pensée. Il s'agit donc de regrouper dans un tableau des scènes et événements appartenant à des lieux différents et à des moments différents (et dans des humeurs différentes) comme cela se passe dans notre mémoire. Je ressens pour cela le besoin que ces diverses scènes soient figurées chacune dans une écriture différente. Cela me conduit à rechercher toutes espèces de différentes clefs de transcription des sites et objets. J'y prends d'ailleurs beaucoup de plaisir et cela m'apporte de nombreuses révélations » (Lettre à F. Edgü, 3 février 1979/Archives Fondation Dubuffet).

1977

La Riante Contrée

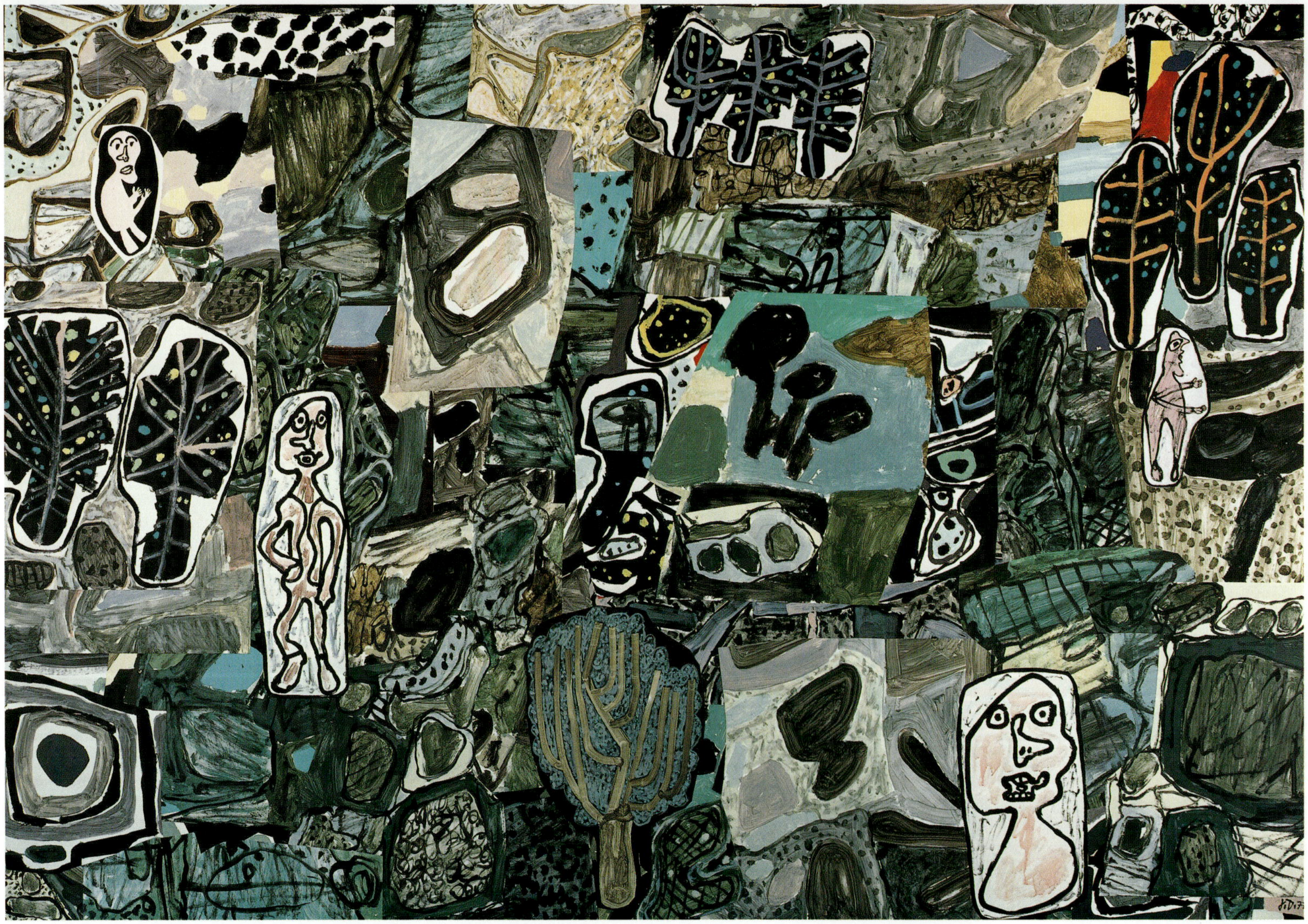

Acryle sur papier entoilé (avec 54 pièces rapportées collées), 210 x 307 cm, collection Milly et Arne Glimcher

Site sans personnage 1981

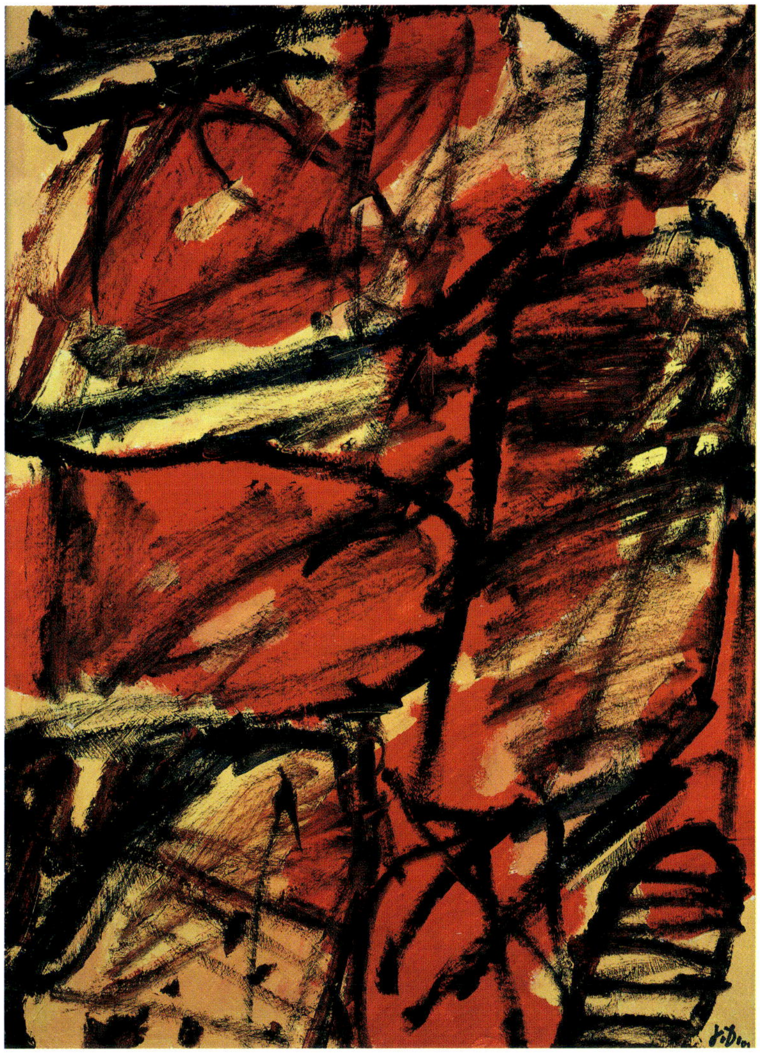

Acryle sur papier entoilé E355, 67 x 50 cm, collection Fondation Dubuffet, Paris

Psycho-sites

« Toutes ces petites peintures en effet prennent appui dans la conviction qu'il n'y a pas lieu de faire différence entre un site prétendu réel et un simple fantasme, tout ce que nous croyons voir étant toujours et en tout cas arbitraire production de l'esprit » (*Prospectus et tous écrits suivants*, t. III, *op. cit.*, p. 436).

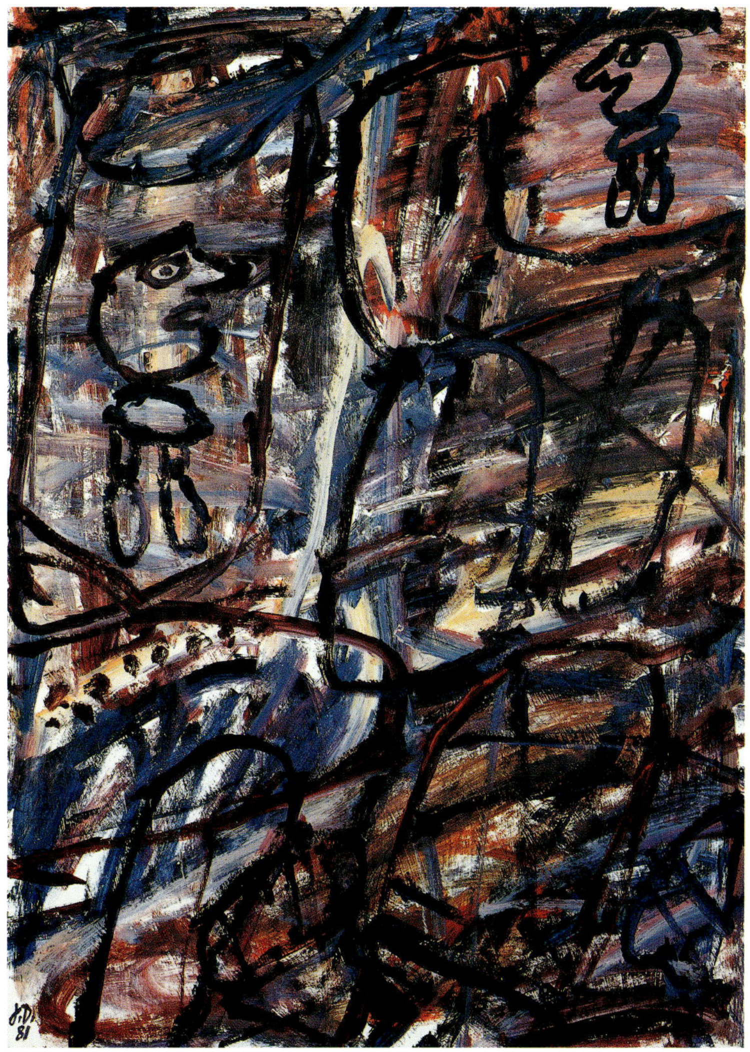

Acryle sur papier entoilé E406, 67 x 50 cm, collection privée

Site avec 2 personnages 1981

1983

Mire G107 (Kowloon)

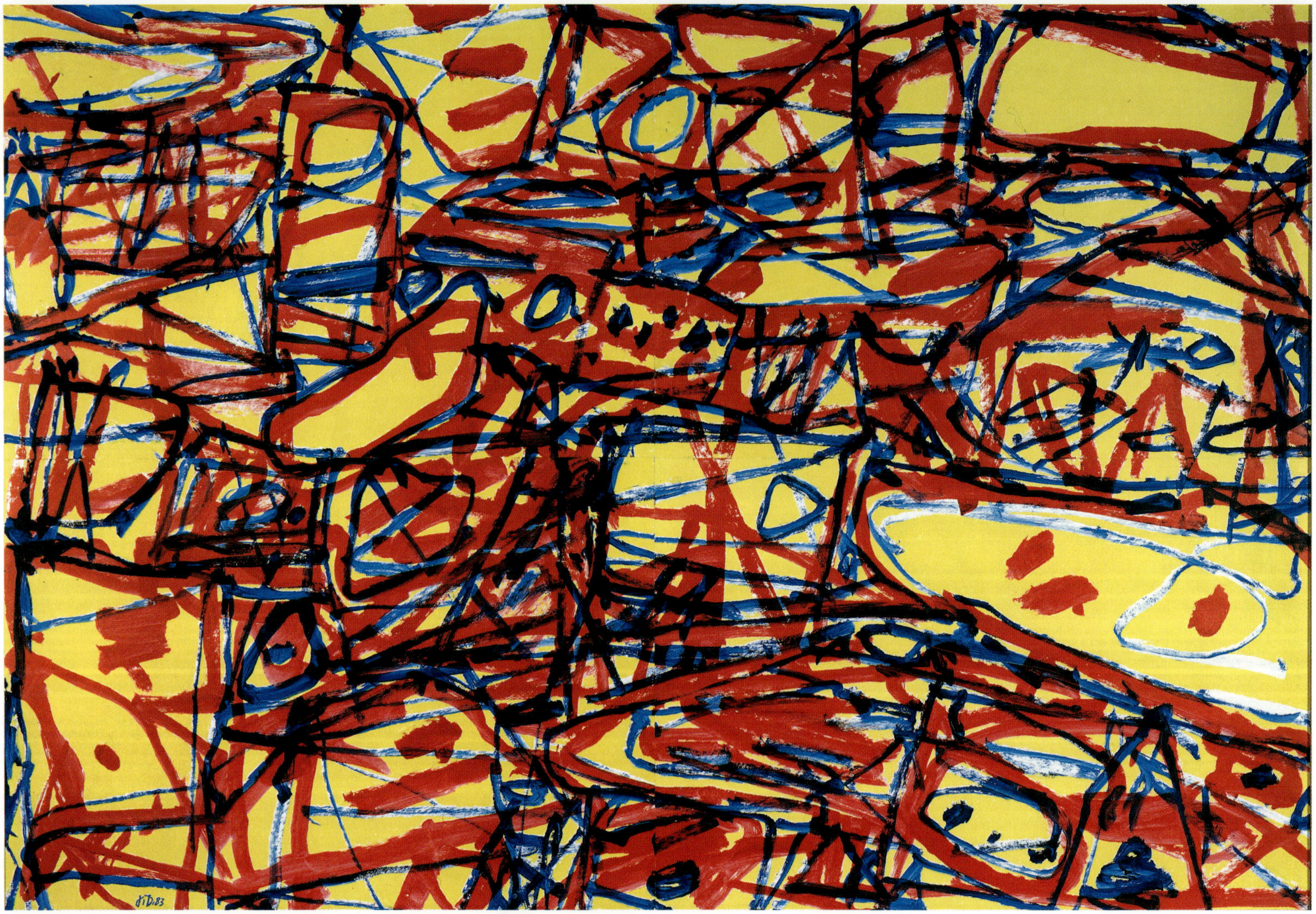

Acryle sur papier entoilé, 134 x 200 cm, collection Leslee et David Rogath

Mires

« On ne trouvera plus dans ces peintures aucun objet ni figure – rien qui puisse se nommer. Elles ne sont pourtant pas du tout non figuratives. Elles prétendent figurer (ou disons plutôt évoquer), dans une forme abrégée, synthétique, le monde qui nous environne et dont nous faisons partie. Mais ce monde y est regardé dans une optique inaccoutumée. Une optique dans laquelle n'apparaissent plus des choses (celles qui ont un nom) mais seulement des faits ou, pour mieux dire, des mouvements, des tumultueux transits au sein d'un continuum qui ne comporte pas de vides » (*Prospectus et tous écrits suivants*, t. III, *op. cit.*, p. 444).

1983
Mire G108 (Boléro)

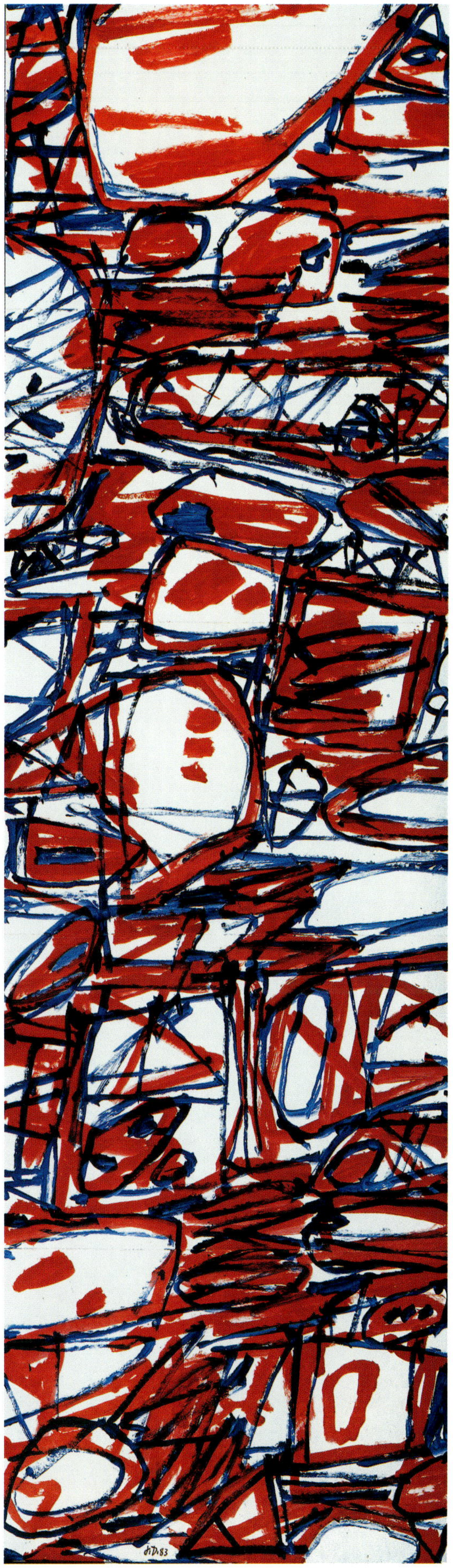

Acryle sur papier entoilé, 335 x 100 cm, collection Fondation Dubuffet, Paris

1983
Le Cours des Choses (Mire G174, Boléro)

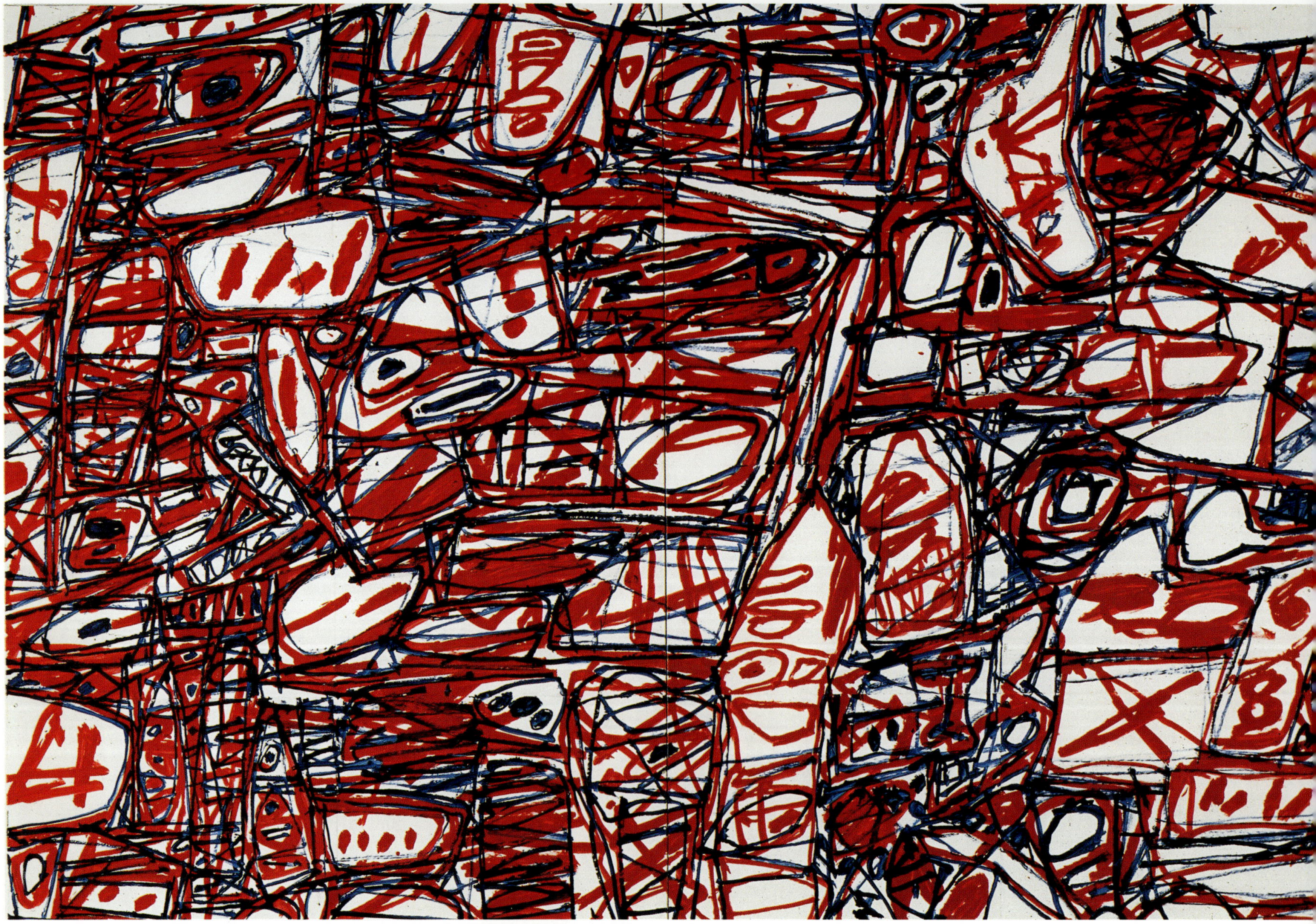

Acryle sur papier entoilé, 268 x 800 cm, Centre Pompidou / Musée national d'art moderne, Paris, achat, 1985

Mires

« Le terme de mire étant pris dans le sens de focalisation du regard sur un point d'un continuum illimité. Elles prirent commencement en février 1983, avec des fonds jaunes – d'un jaune appuyé dont je ne pus me défendre qu'il me fasse penser à celui qu'on voit à des décors chinois. Si bien qu'il m'entra dans la tête que de telles peintures pourraient servir d'enseignes à des boutiques de rues populaires de Chine. Ou bien encore (je lisais fortuitement à ce moment des chroniques chinoises anciennes) qu'elles auraient bien fait des bannières dont les mandarins faisaient précéder leur cortège. [...] Je les avais répertoriés [les nouveaux ouvrages] avec la référence "Kowloon" pour les différencier de ceux faits ensuite sans jaune qui reçurent la mention "Boléro" » (*Prospectus et tous écrits suivants*, t. III, *op. cit.*, p. 442-443).

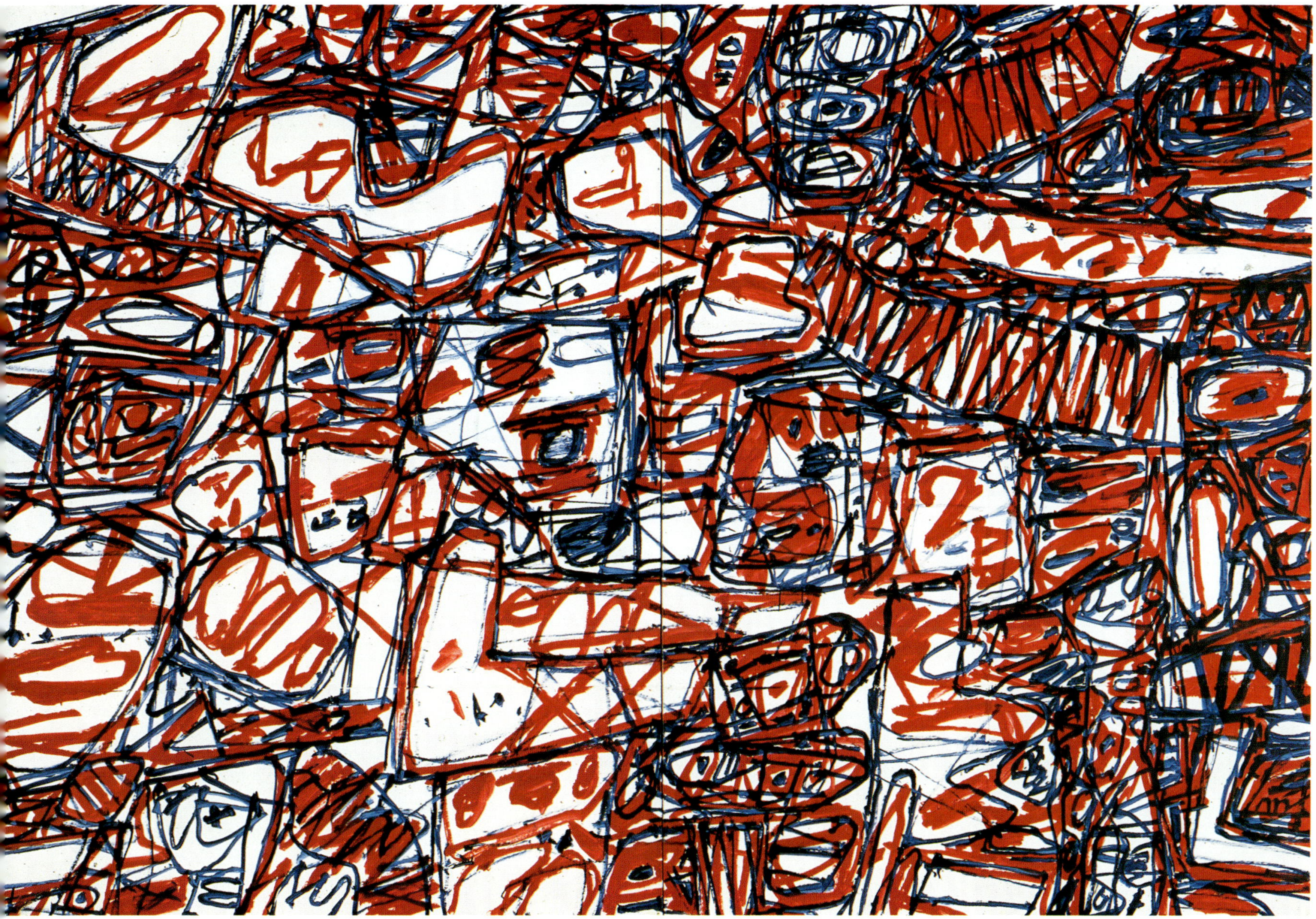

Donnée 1984

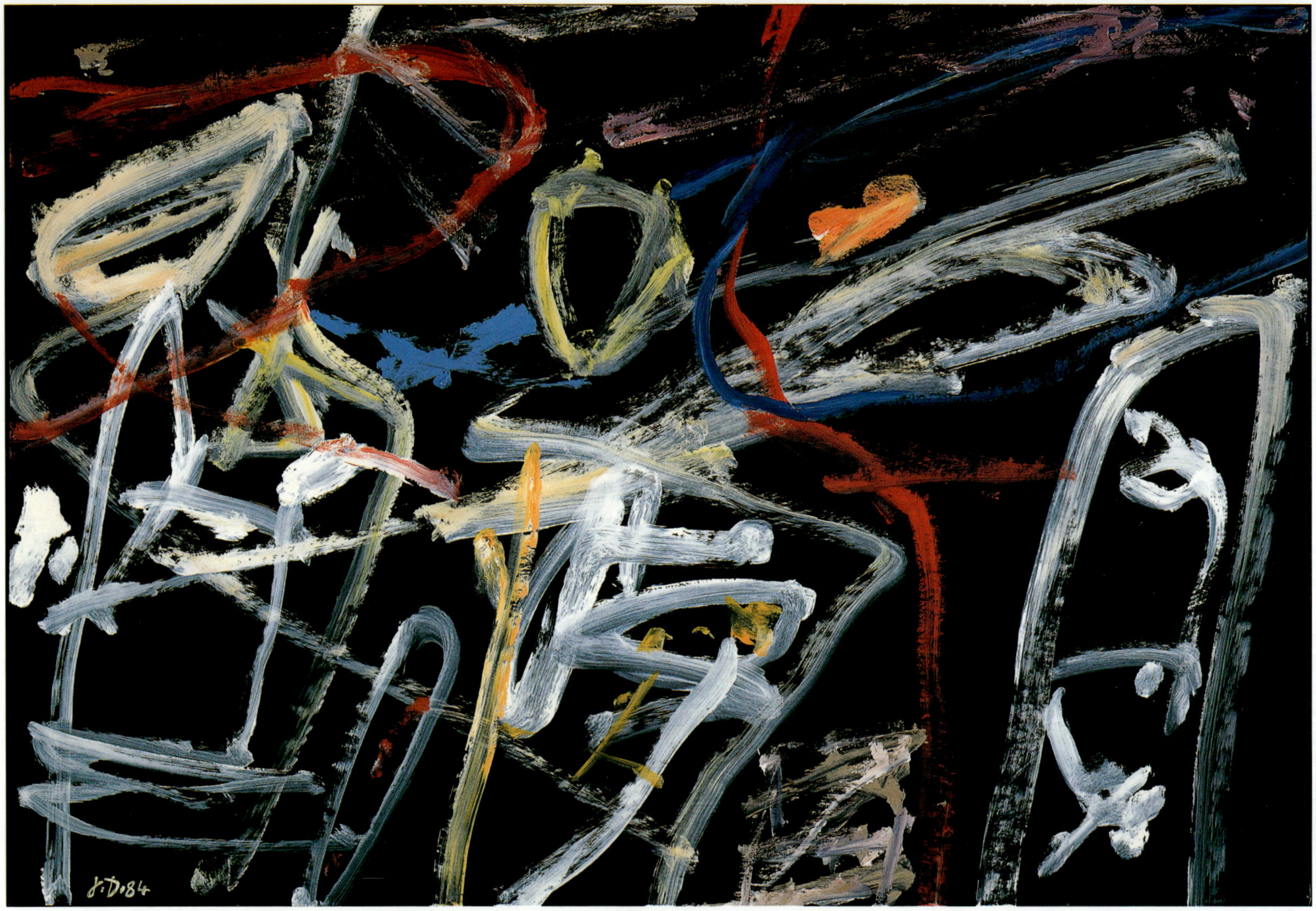

Acryle sur papier entoilé, H 51, 67 x 100 cm, galerie Jeanne-Bucher, Paris

Non-

« Presque toutes [les peintures nommées *Non lieux*] sont faites à partir de fonds noirs. Elles sont encore plus philosophiques et encore plus gravement nihilistes que les *Mires* car n'y préside plus seulement, comme dans celles-ci, l'idée d'évoquer, dans une forme très généralisée et conceptualisée, de l'"être", mais maintenant l'idée que cette notion d'"être" est elle-même sans fondement, projection oiseuse de notre imagination. D'où des peintures qui visent à représenter non plus le monde mais l'incorporalité du monde, ou, disons, le néant, fantomatiquement peuplé des fantasmes que nous y projetons » (Biographie au pas de course, art. cité, p. 537).

Idéoplasme XI 1984

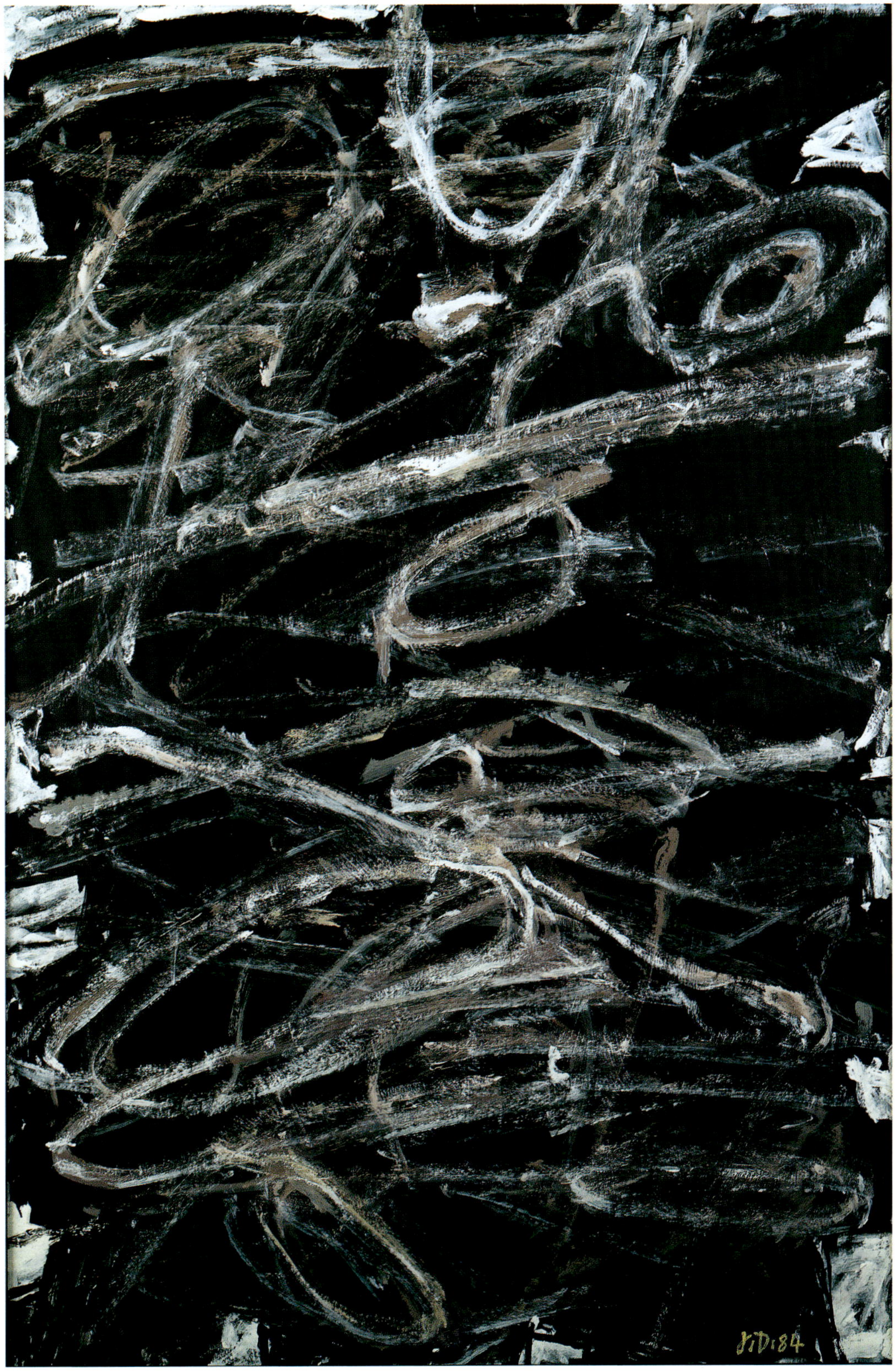

Acryle sur papier entoilé, 100 x 67 cm, collection Fondation Dubuffet, Paris

1901 31 juillet : naissance au Havre. Son père est négociant en vin. **1908** Entre au lycée François Ier au Havre. Études secondaires avec Georges Limbour et Armand Salacrou. **1917** Inscription à l'École des beaux-arts du Havre. **1918-19** Après le baccalauréat, arrivée à Paris avec Limbour. Cours à l'Académie Julian pendant six mois. Fait connaissance de Suzanne Valadon, d'Élie Lascaux, de Charles-Albert Cingria et de Max Jacob. **1922-23** Rencontre André Masson, Fernand Léger et Juan Gris. Service militaire. **1924** Dubuffet abandonne le statut d'artiste (il cessera de peindre jusqu'en 1933). Part pour Buenos Aires où il séjourne quatre mois. **1925** Retour au Havre où il entre dans l'entreprise familiale. **1927** Épouse Paulette Bret. Mort de son père. **1929** Naissance de sa fille Isalmina. **1930** Fonde un négoce de vins en gros à Bercy. **1933-35** Loue un atelier rue du Val-de-Grâce et recommence à peindre. Se sépare de sa femme. Met son commerce en gérance. Rencontre Emilie Carlu (Lili). **1937-41** Épouse Lili. Pour sauver la firme de la faillite, il doit reprendre son commerce et renoncer une nouvelle fois à la peinture. Mobilisation, exode dans le sud de la France. Puis retour à Paris où il reprend ses affaires. **1942** Se consacre exclusivement à la peinture et ne cessera plus de peindre. **1943** Série *Métro*. Intérêt pour le jazz. Rencontre Jean Paulhan. **1944** Première exposition personnelle à la galerie René Drouin, qui suscite de vives polémiques. Rencontre Paul Eluard, Francis Ponge, Jean Fautrier… **1945** Série des *Hautes pâtes*. Rencontre Henri Michaux. Début de ses recherches sur les productions d'art brut lors d'un voyage en Suisse. **1946** Seconde exposition chez Drouin. Publie *Prospectus aux amateurs de tout genre* (Gallimard). Début de la série *Plus beaux qu'ils croient (Portraits)*. **1947** Première exposition personnelle à New York chez Pierre Matisse. Vif intérêt du public américain. Voyages dans le Sahara algérien. Ouverture du Foyer de l'art brut dans les sous-sols de la galerie Drouin. **1948** Rencontre André Breton. Création de la Compagnie de l'art brut. **1949** Troisième et dernier voyage au Sahara. Série des *Paysages grotesques*. **1950** Série des *Corps de dames*. **1951** Série des *Sols et Terrains*. Départ à New York, où il reste pendant six mois et rencontre Jackson Pollock, Marcel Duchamp et Yves Tanguy. Transfert de la collection de l'art brut à East Hampton. Rétrospective à l'Arts Club de Chicago. **1952** Retour à Paris. **1953** Petits tableaux d'ailes de papillons. Début de la série *Assemblages d'empreintes*. **1954** Rétrospective à Paris au Cercle Volney. Séries des *Petites statues de la vie précaire* et des *Vaches*. **1955** Longs séjours à Vence. Exposition à Londres, ICA. **1956-57** Construction de ses nouveaux ateliers à Vence. Série des *Tableaux d'assemblages*, des *Lieux cursifs* et début des *Célébrations du sol*. **1958** Entreprend une série de lithographies, les *Phénomènes*. **1959** Séries des *Barbes*, des *Éléments botaniques* et des *Matériologies*. **1960** Grande rétrospective à Paris, au Musée des arts décoratifs. Expériences musicales avec Asger Jorn. **1961** Début de la série *Paris-Circus*. Enregistrement du poème incantatoire *La Fleur de Barbe*.

1962-63 Installation de la collection de l'art brut à Paris, rue de Sèvres. Rétrospective à New York au Museum of Modern Art. Début de la grande série de *L'Hourloupe*. **1964** Exposition de *L'Hourloupe* au Palazzo Grassi à Venise. **1965** Expositions à la galerie Beyeler à Bâle et à la galerie Claude Bernard à Paris. **1966** Découverte de l'usage du polystyrène expansé. Commence une série de sculptures peintes au vinyle. **1967** Importante donation au Musée des arts décoratifs. Entreprend la réalisation du *Cabinet Logologique*. **1968** Maquette du *Jardin d'Hiver*. Publication d'*Asphyxiante culture* (Jean-Jacques Pauvert). **1969** Commande d'un monument pour la Chase Manhattan Bank de New York. Première exposition à la Pace Gallery à New York. **1970** Début de la construction de la *Villa Falbala* à Périgny-sur-Yerres. Construction du *Jardin d'Hiver*. **1971** Réalisation des premiers éléments destinés au spectacle *Coucou Bazar*. **1972** Inauguration du *Groupe de 4 arbres* érigé à New York sur la Chase Manhattan Plaza. Expositions au Musée d'art moderne de la Ville de Paris et à la Waddington Gallery à Londres. Donation de la collection de l'art brut à la ville de Lausanne. **1973** Première représentation de *Coucou Bazar* lors de la rétrospective à New York au Solomon R. Guggenheim Museum. L'exposition est reprise à Paris au Grand Palais avec une seconde version de *Coucou Bazar*. **1974** Maquette du *Salon d'été* commandé par Renault. Fin de *L'Hourloupe*. Début de la série des *Crayonnages*. Création de la Fondation Dubuffet. **1975-76** Séries des *Parachiffres*, des *Mondanités*, des *Effigies incertaines* et des *Lieux abrégés*. Début de la série des *Théâtres de mémoire*. Achèvement de la *Closerie Falbala* (1610 m^2). Les travaux, à demi-achevés, du *Salon d'été* sont interrompus par Renault. Procès. Inauguration de la collection de l'art brut à Lausanne. **1977-78** Séries de dessins *Situations*, *Mémorations* et *Annales*. À l'initiative de FIAT, exposition à Turin et troisième représentation de *Coucou Bazar*. **1979-80** Fin de la série des *Théâtres de mémoire*. Après quatre mois d'interruption, série de dessins *Sites aux figurines*. **1981** Série des *Psycho-sites*. Dubuffet gagne son procès contre Renault. À l'occasion de son 80e anniversaire, expositions à New York, au Solomon R. Guggenheim Museum et à Paris, au Centre Pompidou. **1982** Série des *Sites aléatoires*. Rétrospective à Tokyo, au Seibu Museum of Art, et à Osaka, au National Museum of Art. **1983** Série des *Mires*. Inauguration à Houston du *Monument au fantôme* (H. 10 m). L'État français manifeste son intention d'édifier une sculpture de Dubuffet dans Paris ; l'artiste propose la *Tour aux figures* (H. 24 m). **1984** Série des *Non-lieux*. Exposition des *Mires* au Pavillon français de la Biennale de Venise. Inauguration à Chicago du *Monument à la Bête debout* (H. 9 m). Réalise sa dernière peinture, intitulée *Pulsions*. **1985** Écrit sa « Biographie au pas de course ». Le site pour l'implantation de la *Tour aux figures* est choisi dans l'île Saint-Germain à Issy-les-Moulineaux. Dubuffet meurt à Paris le 12 mai. Le Centre Pompidou lui rend hommage en présentant vingt-sept *Non-Lieux*.

Catalogue des travaux de Jean Dubuffet

Catalogue des travaux de Jean Dubuffet élaboré par Max LOREAU, Paris, Jean-Jacques Pauvert, 1964-1968

Fasc. I *Marionnettes de la ville et de la campagne,* 1966 ;
Fasc. II *Mirobolus, Macadam et Cie,* 1966 ;
Fasc. III *Plus beaux qu'ils croient, Portraits,* 1966 ;
Fasc. IV *Roses d'Allah, Clowns du désert,* 1967 ;
Fasc. V *Paysages grotesques,* 1965 ;
Fasc. VI *Corps de dames,* 1965 ;
Fasc. VII *Tables paysagées, Paysages du mental, Pierres philosophiques,* 1967 ;
Fasc. VIII *Lieux momentanés, Pâtes battues,* 1967 ;
Fasc. IX *Assemblages d'empreintes,* 1968 ;
Fasc. XV *As-tu cueilli la fleur de barbe,* 1964 ;
Fasc. XVI *Les Phénomènes,* 1964 ;
Fasc. XIX *Paris Circus,* 1965 ;
Fasc. XX *L'Hourloupe I,* 1966 ;
Fasc. XXI *L'Hourloupe II,* 1968.

Catalogue des travaux de Jean Dubuffet élaboré par Max LOREAU, Lausanne, Weber, 1969-1976

Fasc. X *Vaches, Petites statues de la vie précaire,* 1969 ;
Fasc. XI *Charrettes, Jardins, Personnages monolithes,* 1969 ;
Fasc. XII *Tableaux d'assemblages,* 1969 ;
Fasc. XIII *Célébration du sol I, Lieux cursifs, Texturologies, Topographies,* 1970 ;
Fasc. XIV *Célébration du sol II : Texturologies, Topographies,* 1970 ;
Fasc. XVII *Matériologies,* 1970 ;
Fasc. XVIII *Dessins 1960,* 1971 ;
Fasc. XXII *Cartes, Ustensiles,* 1972 ;
Fasc. XXIII *Sculptures Peintes,* 1972 ;
Fasc. XXIV *Tour aux figures, Amoncellements, Cabinet logologique,* 1973 ;
Fasc. XXV *Arbres, Murs, Architectures,* 1974 ;
Fasc. XXVI *Dessins 1969/1972,* 1975 ;
Fasc. XXVII *Coucou Bazar,* 1976.

Catalogue des travaux de Jean Dubuffet, Paris, Les Éditions de Minuit, 1979-1991

Fasc. XXVIII *Roman burlesque, Sites tricolores,* 1979, (élaboré par Max LOREAU) ;
Fasc. XXIX *Crayonnages, Récits, Conjectures,* 1979 ;
Fasc. XXX *Parachiffres, Mondanités, Lieux abrégés,* 1980 ;
Fasc. XXXI *Habitats, Closerie Falbala, Salon d'été,* 1981 ;
Fasc. XXXII *Théâtres de mémoire,* 1982 ;
Fasc. XXXIII *Sites aux figurines, Partitions,* 1982 ;
Fasc. XXXIV *Psycho-sites,* 1984 ;
Fasc. XXXV *Sites aléatoires,* 1986 ;
Fasc. XXXVI *Mires,* 1988 ;
Fasc. XXXVII *Non-Lieux,* 1989 ;
Fasc. XXXVIII *Derniers dessins,* 1991.

Rééditions du *Catalogue des travaux de Jean Dubuffet*
Fascicules réédités par les Éditions de Minuit, 1979-1993

Fasc. I *Marionnettes de la ville et de la campagne* (nouvelle édition enrichie de 300 nouvelles illustrations comprenant des œuvres antérieures à 1942 ainsi que de nombreux dessins et croquis d'albums et de carnets), 1993 ;
Fasc. V *Paysages grotesques,* 1990 ;
Fasc. VI *Corps de dames,* 1987 ;
Fasc. VII *Tables paysagées, Paysages du mental, Pierres philosophiques,* 1979 ;
Fasc. VIII *Lieux momentanés, Pâtes battues,* 1979 ;
Fasc. XV *As-tu cueilli la fleur de barbe,* 1985 ;
Fasc. XIX *Paris Circus,* 1989.

Fascicule réédité par la Fondation Dubuffet

Fasc. XX *L'Hourloupe I,* 1995.

Écrits de Jean Dubuffet, réunis et présentés par Hubert DAMISCH

Jean DUBUFFET, *Prospectus et tous écrits suivants*, Paris, Gallimard, 1967, t. I., t. II.
Jean DUBUFFET *Prospectus et tous écrits suivants*, Paris, Gallimard, 1995, t. III., t. IV.

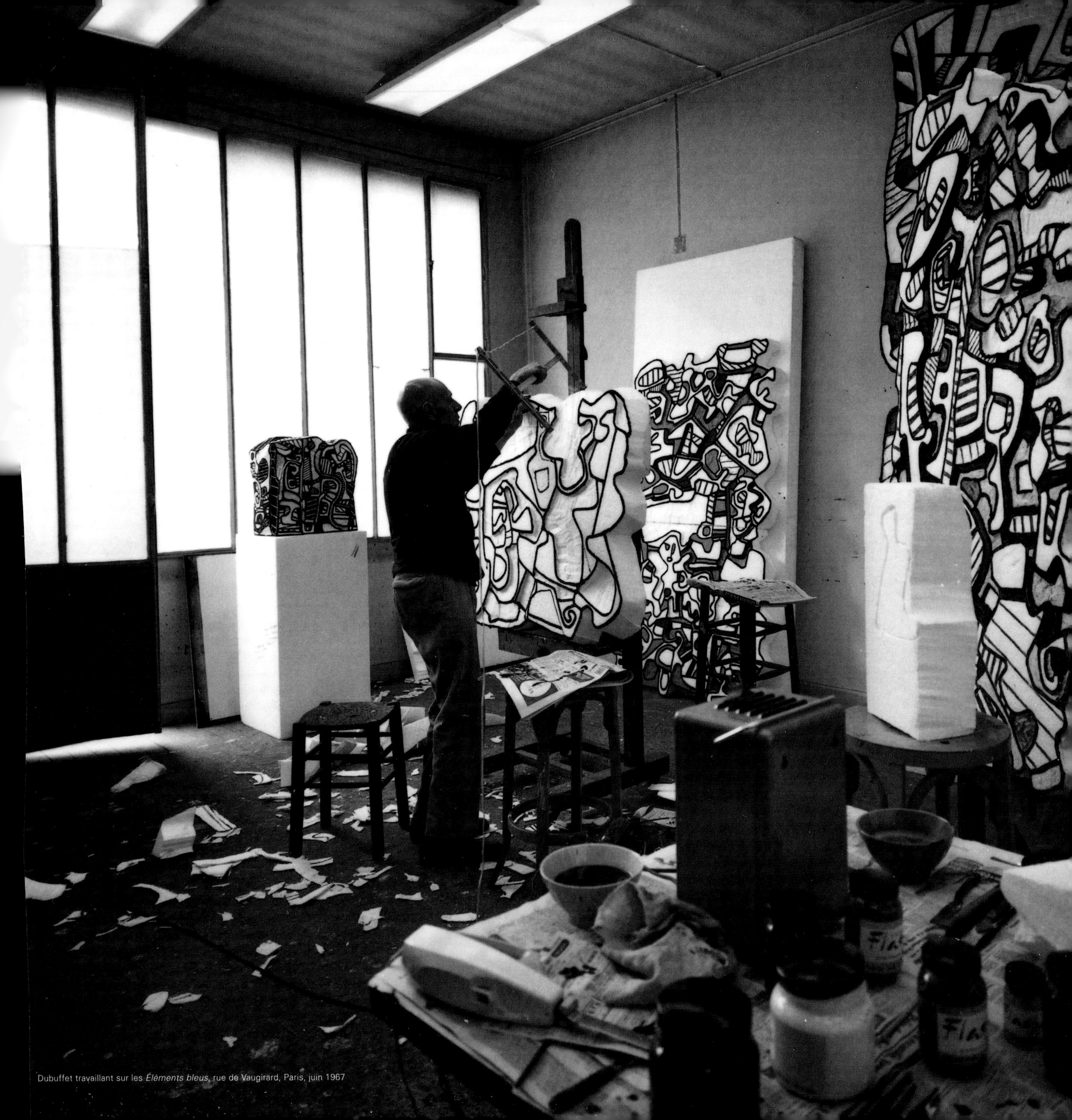

Dubuffet travaillant sur les *Éléments bleus*, rue de Vaugirard, Paris, juin 1967

Centre national d'art et de culture Georges Pompidou

Jean-Jacques Aillagon
Président

Bruno Maquart
Directeur général

Alfred Pacquement
Directeur du Musée national d'art moderne-Centre de création industrielle

Jean-Pierre Marcie-Rivière
Président de l'Association pour le développement du Centre Pompidou

Commissariat

Daniel Abadie
Commissaire

Sophie Duplaix
Commissaire pour le Centre Pompidou

Chargée de production
Cathy Gicquel

Scénographe
Camille Excoffon

Ouvrage

Album réalisé à l'occasion de l'exposition « Jean Dubuffet » Centre Pompidou, Paris 13 septembre - 31 décembre 2001.

Conception
Anna Hiddleston
Odile Rousseau

Chargées d'édition
Marie-Claire Llopès
avec la collaboration de
Amarante Djuric

Conception graphique et mise en page
Vincent Lecocq / Soyousee.com

Fabrication
Bernadette Borel Lorie

Éditions du Centre Pompidou

Directeur
Emmanuel Fessy

Directeur adjoint
Philippe Bidaine

Responsable du service éditorial
Françoise Marquet

Gestion des droits
Claudine Guillon

Administration des éditions
Nicole Parmentier

Responsable commercial
Benoît Collier

Crédits photographiques

Acquavella Galleries Inc., p. 27 • Jörg P. Anders, Berlin, p. 16 • Bruno Burklin Photo, p. 25 • Centre Georges Pompidou, p. 13, dr. [Ph. Jean-Claude Planchet], p. 15, h. g., p. 28, b. dr., p. 49, b. dr. [Ph. Philippe Migeat] • © Photo CNAC / MNAM Dist. RMN, p. 17 [Ph. Jacques Faujour], p. 18 [Ph. Georges Meguerditchian], p. 31, p. 46, h. g. [Ph. Philippe Migeat], p. 52-53 [Ph. Jean-Claude Planchet], p. 13, g. [Ph. Bertrand Prévost], p. 8, p. 26, p. 34, p. 38-39 • DR, p. 5, p. 6, p. 10, p. 14, p. 22, b. dr., p. 23, p. 35, p. 36, p. 39, dr., p. 44-45, p. 50 • Fondation Dubuffet, Paris, p. 20, p. 32, p. 40 à 43, p. 46, b. dr., p. 47, p. 49, h. g., p. 51, p. 55 • Jacques Faujour, Saint Maur des Fossés, p. 19, b. dr. • Luc Joubert, p. 57 • S. Lazarus, R. Mates, p. 4 • Claude Mercier, Genève, p. 22, h. g. • André Morain, Paris, p. 21, b. • Muller, p. 54 • Musée des arts décoratifs, Paris, Laurent-Sully Jaulmes, p. 9, g., p. 29, p. 37 • © 2001 The Museum of Modern Art, New York, p. 7, p. 9, dr., p. 12, p. 15, p. 30, p. 33 • © 2001 Board of Trustees, National Gallery of Art, Washington, p. 11 • PaceWildenstein, p. 48 • Ellen Page Wilson, p. 19, h. g. • Lee Stalsworth, p. 21, h. g., p. 24 • Waddington Galleries Ltd, p. 28, h. g.

Crédits textes

© ADAGP, Paris 2001, p. 47
© Éditions Gallimard pour toutes les citations extraites de *Prospectus et tous écrits suivants*

© ADAGP, Paris 2001
© Éditions du Centre Pompidou, Paris, 2001

ISBN : 2-84426-094-2
N° d'éditeur : 1166
Dépôt légal : septembre 2001

en couverture :
Bicyclette (élément du monument *Le Libre-échange*, œuvre motorisée) novembre 1972
Peintures acryliques sur klégécell
133 x 170 cm,
Carnegie Museum of Art, Pittsburgh,
don de la Fondation Sarah Mellon Scaife

Achevé d'imprimer sur les presses de l'imprimerie Mame, Tours